LAYS

PEINTRE DE FLEURS

Tiré à 200 exemplaires

LAYS

PEINTRE DE FLEURS

PAR

AIMÉ VINGTRINIER

LYON
H. GEORG, LIBRAIRE-ÉDITEUR
65, rue de la République, 65

1889

A MADAME ARTHUR DE GRAVILLON

Villa Saint-Pierre, à Ecully

Vous qui êtes si bien proclamée et reconnue partout ici comme l'héritière de l'aimable et belle madame Lacène; vous qui, dans cette villa où elle accueillait jadis les Ampère, les Ballanche, les Châteaubriand, recevez à votre tour, avec tant de charme et de bienveillance, les artistes et les écrivains lyonnais, permettez-moi de vous dédier, Madame, l'humble biographie d'un peintre qui fut aussi votre commensal; qui fut heureux d'être votre hôte; qui, comme tous ceux qui vous font visite, fut troublé en se promenant dans l'allée de Camille Jordan; ému, ravi de s'asseoir sur le banc d'où Madame Récamier admirait un paysage qui n'a rien à envier à ceux de l'Italie. Lays, Madame, idéaliste comme l'illustre statuaire dont vous portez le nom; rêveur comme tous les fils de cette race lyonnaise qui a produit Saint-Jean, Flandrin, Laprade, Orcel, Lays n'avait jamais oublié les grands ombrages empreints à jamais de si touchants souvenirs. Jamais il n'avait oublié l'accueil qu'il avait reçu dans ce salon où tant d'illustrations se sont assises. Voir votre nom, Madame, protéger mon travail sera aujourd'hui une joie, une gloire pour lui, comme un honneur pour l'écrivain qui ose se dire,

Madame,

Votre très humble et respectueux serviteur,

Aimé VINGTRINIER.

Lyon, 15 octobre 1888.

LAYS

PEINTRE DE FLEURS

Ce que peut le travail, l'ordre et l'économie, ce que peut la volonté, le peintre dont nous esquissons l'histoire l'a montré pour l'exemple des jeunes, des commençants, des ardents, de ceux qui veulent se faire une place indépendante, se créer une position, un avenir.

Lays eut à lutter contre la fortune, son rang infime, ses rivaux; contre les séductions de la vie facile, contre l'entraînement du plaisir; rien ne l'ébranla, rien ne le détourna. Il fut toujours le même, toujours craintif, un peu sauvage, mais droit, fidèle, acharné au travail et ne voyant rien au-dessus de ses pinceaux.

Enfant, il était entré petit domestique chez le peintre Saint-Jean; puis il était devenu son élève; je ne dirai pas que, plus tard, il fut son rival; je ne pousserai pas l'outrecuidance jusque là; mais je déclarerai qu'il fut son plus brillant disciple et que dans la ville qui produisait les Reignier, les Perrachon, les Castex, il ne fut inférieur à aucun d'eux.

Seulement, il avait servi; ses premières années s'étaient passées dans la domesticité; malgré nos mœurs démocratiques, on s'en souvint.

Il n'était pas élève de l'École; il n'avait pas respiré l'air des grands ateliers du Palais des Arts; il n'était pas *monté dans le train* avec les autres. On le lui fit souvent sentir et on le regarda, jusqu'à la fin, comme un étranger, comme un homme avec qui on peut ne pas se gêner.

De l'homme, de sa vie privée, de ses croyances, de ses convictions, pas un mot; je ne fais pas de la morale en action. De l'artiste je dirai tout ce que j'ai su, ce que j'ai vu et je tâcherai de faire connaître au naturel celui que Saint-Jean n'eût pas hésité à nommer son fils, s'il eût assez vécu pour voir ses luttes, ses déboires, ses souffrances et ses succès.

Lays d'ailleurs avait un si profond respect, une

si vive admiration pour son maître qu'en l'imitant, en le copiant, il lui avait pris non-seulement ses qualités, mais jusqu'à ses habitudes, ses tics et ses défauts. Avec moins d'élégance, de tenue, de forme, de grandeur, il faisait un sosie parfait.

Comme Saint-Jean, Lays était prodigue de compliments. Pour lui, pas un journaliste qui ne fût un aigle à grand vol ; pas un écrivain qui ne fût hors pair ; pas un modeste élève échappé de Saint-Pierre dont il n'enviât le burin ou le pinceau. Ses félicitations touchaient à l'hyperbole et quand on avait le sens commun, on pouvait se demander si c'était sérieux ? Mais, le plus souvent, les complimentés n'y entendaient pas malice, et ils prenaient comme un tribut légitime l'encens capiteux qui leur était ainsi prodigué. Saint-Jean et Lays étaient-ils de bonne foi ? se moquaient-ils ? Nous pensons que le premier avait pris cette manie à Paris où elle est commune et que le second n'avait pas cru pouvoir mieux faire que son maître, dont il était en tout et pour tout l'admirateur passionné.

Ce fanatisme, on peut lui donner ce nom, s'explique ; il a eu des prédécesseurs et des modèles. Il y a longtemps que : « le maître l'a dit » a passé pour une raison valable. On ne vit pas de longues années avec un homme supérieur sans se fondre dans son existence, s'imprégner de ses idées, de ses mœurs, de ses vertus, de ses manies et devenir la copie, plus ou moins bonne, de celui dont on partage les travaux, dont on admire le génie. Sorti tout jeune de son village, Lays avait passé, sans transition, de la rude vie des champs, du soin des troupeaux, de la culture de la terre, de toutes les privations qu'endure un pauvre petit berger, à l'habitation dans une grande ville, à l'aisance, à la fréquentation d'hommes du monde, à l'étude si attrayante des beaux arts; son esprit s'était ouvert à la parole d'un guide sûr et jamais le jeune homme, jamais l'homme fait, l'artiste parvenu, n'avait oublié à qui son âme et son intelligence devaient leur transformation.

Son culte ne se démentit jamais.

Né, le 12 novembre 1825, à Saint-Barthélemy-Lestra, canton de Feurs, arrondissement de Montbrison, Jean-Pierre Lays était comme perdu au milieu d'une nombreuse famille dont il partageait, sans préférence, le pain, les occupations, les fatigues et les corrections. Ils étaient treize enfants autour de la table et le père, vaillant, courageux, économe, avait fort à faire pour élever tout ce petit monde sans s'endetter.

D'ailleurs, il n'était pas permis d'être oisif dans la maison. Chacun avait sa tâche; les grands aidaient le père au labourage, les petits conduisaient aux champs deux vaches et une douzaine de moutons. Quant à l'éducation, elle était fort négligée ; l'école est coûteuse et, ne pouvant faire des savants de tous, il était fort à craindre qu'on ne fit des savants d'aucun.

Cependant, l'instituteur du village avait remarqué la figure douce, intelligente et rêveuse du petit Jean-Pierre et il voulut savoir ce qu'il en pourrait tirer. L'hiver venu, il obtint que l'enfant fréquentât l'école. Pour la lecture, il ne s'était pas trompé ; les progrès furent rapides et Jean-Pierre sut lire quand les autres en étaient à épeler ; mais quant à l'écriture, les résultats furent inattendus et même désastreux. Maître d'une plume et d'un cahier de papier, au lieu de faire des barres, des I et des O, le malheureux enfant se mit à fabriquer des petits bonshommes, dans toutes les positions. Petits chiens et petits chevaux galopèrent sur les pages blanches ; entre tous, un modèle eut le plus grand succès : c'était un gendarme, avec son sabre et ses buffleteries ; avec ou sans le tricorne, en course ou au repos. Ce gendarme, ce représentant de la loi, avait frappé l'imagination de Jean-Pierre, et il l'avait croqué dans toutes les circonstances de la vie. Nous avons parlé de succès, il était complet auprès des camarades émerveillés ; il devint une cruelle déception quand le maître, visitant les cahiers, découvrit cette débauche d'imagination et infligea au pauvre élève une rude correction que les larmes du coupable purent à peine adoucir. Ce malheureux jour eut de nombreux lendemains. Rien ne pouvait empêcher les petits doigts d'entrelacer les M et les P de fleurs et de feuillages, ou de remplacer les jambages corrects du modèle par des courbes, des cubes, des ovales, des arabesques fantaisistes qui couraient le long des marges comme les vignettes des vieux missels. Rien ne pouvait alors retenir le mécontentement du maître qui ne se doutait pas alors que ses punitions, si elles eussent corrigé l'élève, ne tendaient qu'à priver la France d'une de ses plus brillantes illustrations.

L'oiseau avait pris son vol; l'enfant avait entrevu sa carrière et il s'y précipitait avec ardeur. Aussitôt que la nuit amenait le repos, la famille se réunissait autour du foyer et, pendant les veillées d'hiver, écoutait une lecture pieuse, suivant les vieilles mœurs patriarcales, assez délaissées aujourd'hui. Les deux livres de prédilection du père étaient une Bible in-folio illustrée, et une Vie des Saints; ces grands récits exaltaient l'imagination de Jean-Pierre qui, saisissant une plume ou un crayon, retraçait, sur les marges du livre, le fait qui l'avait frappé. Parfois, il dépassait le but et plantait des gendarmes dans la fosse aux lions, ou faisait mitrailler le peuple juif par un Napoléon sévère qui prenait en main la cause de Dieu, même sans y être invité.

« Il est curieux » disaient la famille et les voisins qui admiraient ces hardies compositions, et le curé lui-même souriait à ces ébauches, précieusement conservées comme un souvenir. La Bible et la Vie des Saints existent encore, et les frères de Jean-Pierre en sont fiers comme d'un trésor.

Tant de gloire devait percer un jour.

Jean-Pierre avait douze ans et il avait su se faire un ami du bon curé. Celui-ci, ne doutant pas que son protégé ne fût un petit génie, écrivit au peintre Saint-Jean, à Lyon, une lettre de pressante recommandation, et, pour appuyer ses sollicitations, il fit suivre sa lettre d'un paquet d'esquisses et de croquis. La réponse fut désolante. Saint-Jean reconnaissait les précoces dispositions de l'enfant, mais il déclarait qu'avant de pouvoir vivre de son pinceau, il lui faudrait au moins dix ans de travail assidu, pendant lesquels il devrait non-seulement vivre à ses frais, mais se munir de tout l'outillage dont il aurait besoin et donner vingt francs par mois au professeur. La famille n'étant pas riche, c'était le renversement de toutes les espérances.

Qui n'a passé par là? Qui n'a vu tous ses rêves anéantis, tous ses projets brisés, quand on croyait être maître de la destinée?

Le curé ne se découragea pas. Il connaissait la vieille domestique de Saint-Jean, qui, étant originaire de Saint-Barthélemy, ne pouvait manquer de protéger son petit compatriote; il la mit dans leurs intérêts communs et il attendit, certain que la domesticité a une influence majeure dans la conduite des gens le plus haut placés, sans que, le plus souvent, ceux-ci se doutent à quelle influence ils obéissent. L'abbé Mure avait raison. Marthe sut préparer les esprits et bientôt on put voir avec quelle habileté elle avait conduit son affaire.

Au commencement de l'année 1840, de graves intérêts appelant le père Lays à Lyon, la famille décida que Jean-Pierre serait du voyage. Quels troubles! mais quels espoirs! Dès leur arrivée à Lyon, les deux montagnards gravirent la colline de Fourvière, prièrent la Vierge vénérée de favoriser leur entreprise et Jean-Pierre, dans son ardeur et sa foi, fit vœu, quand il serait peintre, de faire un grand tableau représentant la Madone entourée d'une guirlande de fleurs et de fruits. Ce vœu, on le sait, a été religieusement accompli.

Pleins de confiance dans leur pèlerinage, le père et le fils descendirent la colline, traversèrent la Saône et se rendirent chez M. Saint-Jean qui les accueillit avec bonté. Jean-Pierre dévorait des yeux la figure douce et mélancolique du grand artiste, à qui cette admiration naïve ne déplut pas. Séance tenante, il le fit travailler sous ses yeux et, charmé des précoces dispositions de l'enfant, il lui promit de penser à lui.

C'était peu. Pour des gens de la ville, ce n'eût été rien; nos bons Foréziens crurent que c'était beaucoup et, ivres de joie, ils allèrent visiter le Musée qui leur procura les plus ardentes jouissances. Jamais Jean-Pierre n'oublia cette première visite à nos chefs-d'œuvre; la vue des toiles de nos grands maîtres le ravit et il se promit de les imiter dès que celui qui venait de lui donner sa parole tiendrait sa promesse.

Cet espoir ne fut pas trompé.

Trois mois après, le père Lays recevait cette lettre :

« Je vous ai fait pressentir, Monsieur, à votre dernier voyage à Lyon, qu'il pourrait se présenter telles circonstances où votre fils me serait utile. Ce que j'avais prévu vient de se réaliser. Je retire de nourrice ma petite fille et la présence de cette enfant à la maison va donner à la vieille Marthe un surcroît de besogne auquel elle ne pourra suffire. Votre fils veut-il servir chez moi ? Il aidera Marthe pour le gros ouvrage de l'appartement et de l'atelier; ira pour elle aux provisions et pour moi chercher des fleurs; s'occupera des fournitures de mes élèves et broiera mes couleurs.

Il aura chez moi le vivre et le couvert, mais pas de gages. En revanche, il pourra donner au dessin tous ses loisirs que je prolongerai le plus possible et je m'occuperai de son avenir avec une sollicitude sincère. Ces avantages, si minces qu'ils soient, ont leur prix et je verrais avec peine celui auquel je les aurais accordés me quitter au bout de peu de temps pour aller chez un confrère. Votre fils voudra bien s'engager moralement à rester à mon service pendant un certain nombre d'années. »

Cette lettre fit le bonheur des gens de Saint-Barthélemy et on se hâta d'organiser un petit trousseau pour le futur grand homme. Les avantages étaient minces, ainsi que le disait franchement l'artiste lyonnais, mais on n'avait pas le choix. La porte qui s'ouvrait sur le temple des arts était singulièrement étroite et basse. Il faudrait se courber profondément et se gêner pour entrer dans l'enceinte sacrée; mais la peine, la gêne, le travail ne rebutaient pas. La famille ne voyait que le but et l'enfant promettait de triompher de tous les obstacles, de surmonter la destinée et de payer à ses parents tous les sacrifices qu'ils s'imposaient pour lui.

Le 20 mai 1841, le petit Lays frappait à la porte du numéro 14 de la rue Terme, et la bonne Marthe l'embrassait tendrement, le félicitait de son courage et lui promettait son dévouement et ses soins.

Cet accueil fit du bien à l'enfant, car, malgré son désir, la séparation avait été cruelle. Il avait pleuré en montant dans la diligence et il avait encore le cœur bien gros en en descendant. Plus de parents, plus de famille, plus de frères et de sœurs, plus de montagnes à gravir, plus de prairies qui sentent si bon, plus de grands arbres à l'ombre desquels on va s'asseoir! Mais aussi, dans ces grandes maisons, dans ces rues obscures, dans cet humble travail si assujétissant, il allait trouver les joies de la peinture, les séductions de l'art et peut-être, plus tard, les jouissances de la fortune, de l'estime et de la réputation.

Et puis, parfois, Marthe lui parlerait du pays; tout ne serait pas amertume dans cette nouvelle vie. Que fallait-il? Que lui demandait-on? de l'énergie, de l'aptitude, un peu de bonne volonté. On voulait un certain nombre d'années d'apprentissage; il les donnerait, sans marchander, avec usure et il montrerait jusqu'où on peut aller avec du zèle et du dévouement.

Ces résolutions prises et le courage retrempé, Marthe présenta son protégé au grand artiste qui le reçut avec sympathie, cordialité et le mit aussitôt à sa besogne. C'était le programme de la lettre: faire le ménage avec la bonne, mettre en ordre l'atelier, courir à la recherche des fleurs, chez les marchands, ou dans les serres de la ville; amuser les enfants, le petit garçon et la petite fille, et servir vingt grands élèves dont la patience n'était pas la plus éminente vertu. Le soir venu, et retiré dans sa petite chambre, un grenier, Lays avait la liberté de copier des modèles, d'étudier la nature dans ce qu'elle a de plus charmant, de reproduire ces fleurs qu'il adorait, de lire des ouvrages d'art et de mettre à profit les observations faites aux élèves, et dont il était libre de profiter. Lays accepta toutes ces conditions, les pénibles comme les douces, et il les remplit avec la plus énergique résolution.

Aux amertumes de la vie, aux soucis qui, chaque jour, assiègent les gens les plus heureux, Lays opposait le travail acharné, la satisfaction du devoir accompli et le chatouillement qui remplit l'artiste quand il songe aux difficultés vaincues, aux obstacles surmontés et au succès qu'il aperçoit dans les profondeurs de l'avenir.

Les relations avec le maitre étaient d'ailleurs affectueuses et douces. Saint-Jean était patient, bon et indulgent. La gloire qui l'environnait n'avait point gâté son cœur. Quant à madame Saint-Jean, intelligente, instruite, écrivain, artiste autant que son mari, dont elle inspirait les travaux, issue d'une vieille famille où, ainsi que dans les anciennes maisons, les maîtres avaient le respect des inférieurs, elle suivait avec un vif intérêt les progrès du jeune domestique, encourageait ses espérances, guidait ses travaux, lui donnait l'amour du bon et du beau, ouvrait ses idées, conseillait ses lectures et cherchait à en faire un homme de bien en même temps que son mari en faisait un artiste capable d'honorer son pays (1).

---

(1) Voici une autre lettre de Saint-Jean qui fera connaître les relations intimes du grand peintre avec son élève :

« A M. Lahys, propriétaire, à Saint-Barthélemy-l'Estra, par Feurs.

« Monsieur,

« Nous avons bien laissé le temps à votre fils de jouir de vous et de toute votre famille. Je suis convaincu qu'il aura goûté les bons conseils que vous lui avez encore donnés. Maintenant qu'il est raisonnable, il les appréciera mieux. J'en ai été bien plus content, cet été ; j'espère qu'il pourra prendre le dessus et que son caractère gagnera maintenant tous les jours. Il a encore besoin de travailler un peu et je crois qu'il convient qu'il ait tiré au sort avant de se placer. Là-dessus, vous jugerez toutes ces choses. Nous le garderons tout le temps qu'il voudra rester chez nous. Je l'encouragerai toujours le plus que je pourrai.

« Nous pensons être à Ecully le 26 ou le 27 de ce mois, au plus tard. Je désire bien que Lahys se trouve aussi rendu à cette époque chez nous à Ecully.

« J'aimerais mieux qu'il fût rendu plus tôt que plus tard, parce que nous devancerons peut-être notre départ d'ici.

« Votre tout dévoué.

« SAINT-JEAN.

« Cette, 18 août 1845.

Sept ans se passèrent ainsi, espace bien long pour les impatients qui brûlent de voler de leurs propres ailes et qui croient tout savoir quand à peine ont-ils appris à étudier ; temps bien court pour l'homme consciencieux qui, en présence de la nature, voit et comprend ce qui lui manque et croit n'être jamais assez fort pour être vrai, n'est jamais content de lui et contemple avec effroi l'espace qui lui reste à parcourir pour atteindre les guides, les maîtres et les modèles.

Aux gens médiocres, l'adresse des doigts suffit. La représentation exacte, rigide et terre à terre de ce qu'ils pensent ou de ce qu'ils voient les satisfait. Ce sont des artisans, des ouvriers, non des artistes. Bien autre est le créateur qui médite, contemple avec les yeux de l'esprit, travaille avec son âme, rêve à l'idéal, aspire au divin, à l'infini, à cette beauté qu'adorait Platon et, qu'après lui, ont si bien comprise, ont si bien su rendre, les Léonard, les Titien, les Michel-Ange et Raphaël, entre tous, avant qu'il ne fût devenu païen.

En ce moment, l'Ecole lyonnaise était dans toute sa splendeur. Berjon, Revoil, Richard, Grobon s'éteignaient ou cessaient de produire, mais Chenavard, Orsel, les trois Flandrin, Jacquand, Bonnefond, Trimolet, Genod, Montessuy, soutenaient la réputation de notre ville et Lays, qui avait à chaque instant occasion de les voir, puisait des leçons de peinture dans leurs moindres paroles. Duclaux, un des plus fidèles habitués de la maison, ne lui ménageait ni les avis ni les conseils. Pour ce dessinateur hors ligne, le dessin était tout, le reste peu de chose et c'est peut-être à lui que Lays doit la sévérité de son crayon. Les toiles de Janmot élevaient son goût; celles de Frenet, mystique et républicain, lui inspiraient la fougue et l'audace. Bonnefond, Trimolet, Genod lui enseignaient les mystères de la couleur; mais ceux qu'il étudiait par-dessus tous les autres, le dimanche, au Musée, c'était Thierriat, dont l'enseignement a été si fécond, à Lyon; Baile, qui a trop peu produit; Remilleux, fantasque et inégal; Gallet, à qui la mort a enlevé un brillant avenir; Maisiat, Bruyas et particulièrement Reignier, au pinceau si délicat, si minutieux et si fin, Reignier qui, de rival dangereux, devait devenir plus tard un ennemi aussi implacable que puissant, quand l'inconnu d'aujourd'hui serait devenu à son tour une célébrité.

Epoque de luttes, d'angoisses, de travail obscur, mais aussi de jeunesse, de force, d'illusions et d'espoir !

Qui n'a connu ces années de genèse et d'enfantement et ne les a regrettées plus tard ?

Un coup de tonnerre vint suspendre ces travaux et disperser les travailleurs.

Saint-Jean était accueilli avec empressement dans les salons les plus sélects de la ville. Noblesse, industrie, banque et commerce, Bellecour, Saint-Clair et les Terreaux se disputaient sa présence. Au milieu de cette société choisie, dont il affichait hautement les opinions, voyant sombre, comme tout ce monde, il s'effrayait du mouvement des esprits, gémissait de l'ambition et de l'audace des classes inférieures, appelait des mesures de répression contre les banquets devenus un danger, votait la suppression de la moitié des journaux et voyait déjà le spectre rouge assis sur le trône de la royauté. Un beau jour, toutes ses craintes se réalisèrent et le jetèrent dans le plus indicible effroi. A la fin de février 1848, une révolution emporta le trône du roi des Français; un gouvernement provisoire, pris dans tous les rangs de la société, fut proclamé et le télégraphe annonça au peuple des provinces que la deuxième république venait d'éclore.

Ce fut une joie délirante pour les uns, une épouvante sans borne pour les autres. Saint-Jean partagea l'opinion de ces derniers. Il demeurait rue Terme. Les manifestations qui descendaient de la Croix-Rousse passaient sous ses fenêtres. Hommes et femmes, portant des armes et des drapeaux, criaient : « A bas les aristos! » et menaçaient les classes riches de leur vengeance.

La noblesse crut qu'on allait relever les échafauds et prit la fuite. La banque et le commerce mirent famille et fortune en sûreté. Saint-Jean, qui fréquentait les hautes classes, imita les affolés. On connaît la fable charmante de Florian intitulée : *Le Petit Chien*, l'artiste s'empressa d'en donner une seconde édition.

Les éléphants avaient remporté une grande victoire sur les lions. Pour assurer leur conquête, ils décrétèrent que tous les grands fauves, tigres, lions, panthères, léopards, eussent à quitter la forêt. Un pauvre petit chien à longue crinière prit aussi l'édit pour lui. — Eh! ne suis-je pas un lion! disait-il à ses amis en leur faisant ses adieux. Saint-Jean partit pour la Suisse, avec tous les autres lions de la province, avec la noblesse et les grands personnages trop compromis, croyant son exil nécessaire au repos de la France, à la tranquillité du peuple, à la sécurité du nouveau pouvoir.

Il fût resté qu'il n'en eût été ni plus ni moins.

Sa terreur avait été si grande qu'il avait tout abandonné. Linge, tableaux, argenterie, objets précieux avaient été oubliés, ou plutôt sacrifiés. A peine avait-il pris quelques valeurs. A quoi bon, d'ailleurs, encombrer ses malles? Ne trouverait-il pas des pinceaux dans toutes les capitales de l'Europe? Eh! puis, qui sait? tout ne serait peut-être pas perdu. La tranquillité pouvait revenir et ce qu'il abandonnait, pour faire la part du feu et gagner du temps, était sous la garde, sous la protection de son fidèle Lays qui les défendrait au péril de sa vie. Sa femme l'encourageait dans cet espoir. L'enfant était honnête et courageux ; leur confiance ne pouvait être mieux placée. Aux yeux des deux époux, le jeune homme saurait sauver son dépôt.

Lays sauva tout, en effet, parce qu'on ne lui demanda rien. Les manifestations restèrent inoffensives; les Voraces maintinrent la tranquillité; on ne releva pas les échafauds et la fermeture de l'atelier, comme de l'appartement du peintre célèbre, n'eut d'autre résultat que de permettre au jeune apprenti de travailler jour et nuit avec fureur, de copier les plus beaux modèles et de se perfectionner plus en quelques mois qu'il ne l'avait fait pendant les sept années qui venaient de s'écouler.

A son retour, Saint-Jean fut stupéfait des progrès de son élève; ce fut presque une révélation. Il semblait que le grand artiste n'eût jamais mesuré toutes les aptitudes, n'eût jamais compris le génie naissant, n'eût pas deviné l'avenir de son protégé. Cependant ses terreurs n'étaient pas éteintes. Il pensa que le temps était peu propice aux beaux-arts. Après avoir donné des éloges aux travaux produits pendant son absence, il déclara au jeune homme consterné qu'il ne rouvrirait pas son atelier et qu'il n'avait plus besoin de ses services. Pour adoucir cette sévère et cruelle résolution, il lui promit de le rappeler si les temps s'amélioraient. Ce fut en vain que de bonnes paroles accompagnèrent les adieux. Ce retour était bien chanceux, le rappel bien incertain; ce qui était visible et probable, c'était la chute des projets, le renversement des espérances. Etait-ce donc fini à jamais? Ce fut en pleurant toutes les larmes de son corps que le jeune artiste reprit la diligence du Forez.

Cependant le courage qui l'avait soutenu quand il quittait la famille se retrouva tout entier quand il quitta le pays de ses rêves et qu'il rentra sous le toit paternel. Sans hésitation, il reprit la vie des champs, faucha, moissonna, battit le blé en dur et vrai paysan et montra aux habitants de Saint-Barthélemy que la ville qui avait ouvert son intelligence n'avait point efféminé son corps.

Est-ce une erreur? Il nous semble que cette résignation, cette énergie, cet amour de la famille qui le faisait rentrer sous l'obéissance paternelle, sont le plus beau trait de sa vie et lui font plus d'honneur, méritent plus d'éloges que la création de ses plus beaux tableaux.

Quand l'orage arrêtait les travaux, quand le dimanche apparaissait pimpant et radieux, le jeune artiste, pour se reposer d'une semaine passée dans les sillons, reprenait ses pinceaux, délayait ses couleurs et se remettait à la peinture avec une énergie nouvelle, une passion qui oubliait tout, une ténacité que rien n'arrêtait; ajoutons : avec un succès qui ravissait la famille et les voisins. Trop pauvre pour se procurer une toile et des couleurs coûteuses, Lays n'avait jamais produit que des gouaches et des aquarelles. Saint-Jean l'avait maintenu dans cette voie, et ne l'avait jamais poussé vers la peinture à l'huile. Avait-il peur que le jeune domestique en tablier n'éclipsât les fils de famille qui suivaient son enseignement ? Se souciait-il peu de se créer un rival ? En repoussant avec vivacité cette dernière supposition, nous constatons le fait sans insister. Le talent de Saint-Jean était trop haut, son caractère trop fier et trop élevé pour qu'on s'y arrête un instant.

Cependant, on s'habituait, à Lyon, aux agitations dela rue. L'apothéose del'*Homme du peuple*, les manifestations des corps d'état, les longues processions des tailleurs, des cordonniers, des ouvriers en soie, des femmes; le triomphe du fourrier Gigou, les revues, les dîners fraternels de la Garde nationale, étonnaient les étrangers.

amusaient la foule, et finissaient sans troubles sérieux. Le commerce reprenait un peu ; les émigrés rentraient, les salons se rouvraient. On avait soif de se revoir et de reprendre la vie d'autrefois. Symptôme de bon augure, on revint frapper à la porte si longtemps fermée de l'atelier de Saint-Jean, et on supplia le peintre illustre de recommencer les leçons. Celui-ci ne se fit pas trop prier ; il y consentit et son premier acte fut de prévenir Lays qu'il pouvait revenir et que sa place l'attendait.

Jamais nouvelle ne pouvait venir plus à propos. Les travaux de la campagne étaient finis ; l'hiver approchait. On n'avait plus besoin des bras du jeune homme et c'était une bouche de plus à nourrir. La malle du jeune artiste fut bientôt faite ; on l'embrassa, on le conduisit à la voiture, il fit le voyage dans l'ivresse de la joie et il lui sembla, en revoyant l'atelier, que c'était une nouvelle et brillante aurore qui se levait devant lui.

Son premier soin fut de mettre sous les yeux du maître vénéré les peintures faites pendant le cours de cette année. Le labourage, le battage, n'avaient rien enlevé à la souplesse des doigts. L'œil savait mieux voir ; il était devenu chercheur et observateur. La science du dessin s'était affermie. La composition, la couleur avaient marché à pas de géant. Saint-Jean ravi déclara que son élève exposerait au prochain Salon et lui-même choisit une *Grappe de raisins* d'un effet merveilleux. L'attente et l'espoir de l'un et de l'autre ne furent pas trompés. Le tableau obtint une médaille et fut vendu deux cents francs. Quel honneur! Quelle richesse! On s'en occupa dans le monde des arts; mais, l'année suivante, ce fut bien pis. A l'Exposition des Amis des arts de 1850, une autre aquarelle obtint une autre médaille plus précieuse, que Saint-Jean voulut lui remettre lui-même, avec une somme de huit cents francs, prix de ce beau tableau.

Lays était riche; Lays était connu, coté, en évidence. Il pouvait quitter la servitude et voler de ses propres ailes; mais on lui avait demandé dix ans, dix ans il avait promis, dix ans il donnerait. Rien ne pouvait le dégager de sa parole. Sollicitations, prières, amour de la gloire et de l'argent, rien ne put l'arracher à l'humble condition qu'il occupait depuis huit ans.

Nous offrons cet exemple aux jeunes gens dédaigneux du devoir, qui paient d'oubli ceux qui leur ont fait du bien et fuient avec une si lâche ingratitude ceux qui leur ont mis la fortune à la main.

Non-seulement Lays passa dix années dans l'atelier de son maître, mais il ne se regarda jamais comme quitte ou libéré envers lui (1).

Mais rien n'est éternel et le jour de la délivrance approchait.

Malgré son héroïque dévouement, Lays se lassait de la domesticité. Promener les enfants, mettre en ordre l'atelier, préparer le travail des élèves, sans pouvoir s'asseoir à côté d'eux, faveur que le maître interdisait absolument, chercher et découvrir les plus belles fleurs pour de jeunes étourdis qui n'en comprenaient pas la beauté, être voué à l'aquarelle à perpétuité et rien qu'à l'aquarelle, sans pouvoir aborder la peinture à l'huile, ce que Saint-Jean défendait obstinément pour des raisons que nous n'avons jamais comprises, être, ou à peu près, valet de chambre quand la gloire parle à l'oreille et qu'on se sent de force à gagner largement sa vie, dans la plus brillante des professions, c'était un sacrifice qui devait avoir une fin. Le terme approchait d'ailleurs. Quand les dix années, moins un mois, furent écoulées; nous disons : moins un mois, pour préciser; quand la dixième année eut sonné, délai simplement moral, car il n'y avait jamais eu de conventions écrites : au mois de mars 1852, Lays quitta la maison dont il avait si largement payé

---

1 Voir, dans le *Journal de Montbrison* du 3 décembre 1876, une notice fort intéressante, signée : Saint-Aubrin.

l'abri et, faisant appel à son courage, bravant les écueils et les périls, se lança résolûment dans l'inconnu.

Il avait quelques économies; la vente d'une douzaine d'aquarelles augmenta son avoir; il n'avait pas peur de coucher sur le pavé.

Sa première préoccupation fut de trouver un refuge et un toit hospitalier.

Ce ne fut pas long.

Il connaissait un statuaire d'une générosité proverbiale, d'une bonté jamais démentie, d'un désintéressement qui a nui à sa fortune. Léonard Périer, qui habitait le quai Fulchiron, n'était pas riche, quoiqu'il eût de la réputation et du travail. Pour lui, l'art était tout. Qu'importait un mois de plus de labeur, si son esprit était satisfait? Qu'importait le prix de l'œuvre, si elle *était réussie* ? Elève de Ruolz, religieux comme Lays, ne travaillant guère que pour le clergé, simple et doux, Périer, né en 1820, est mort à Saint-Jodard, son pays natal, le 13 août 1866, presque oublié des artistes, inconnu au gros public, quoiqu'il ait créé la statue colossale de la sainte Vierge, élevée à Vienne sur le mont Pipet, la charmante statue de la Vierge portant l'enfant Jésus, à Saint-Georges de Lyon; l'autel de l'église de Brignais dont les bas-reliefs ont tant de sentiment et une foule d'autres travaux qui, en révélant un vrai mérite, eussent dû le rendre célèbre et fortuné.

Mais quel est le statuaire de province qui peut vivre de son ciseau ?

A moins de travailler pour les monuments funéraires, comme un voisin de Périer, le pauvre Cubizole, un autre vaincu de la destinée, auteur d'une *Eve* ravissante, et que tout son talent ne put sauver de la misère et du désespoir ; trop heureux, à la fin de sa vie, d'avoir du pain, en sculptant des mausolées et des tombeaux, à la porte d'un cimetière, pour le compte d'un marbrier de son pays.

Au premier mot de Lays, Périer offrit à son jeune compatriote la moitié d'une chambre assez grande pour deux. Lays acheta aussitôt un lit, du linge, des meubles et s'installa comme un bourgeois, chez son ami ; mais ce luxe de sybarite ne l'endormit pas. Maître de ses actes et de son temps, animé d'une ardeur immense, aiguillonné par la nécessité, il ne perdit plus une minute pour se perfectionner dans l'aquarelle, attaquer la peinture à l'huile, et prendre sa place au grand soleil.

Le succès vint le couronner. Dès 1851, il avait envoyé à l'Exposition internationale de Londres et ses tableaux n'étaient pas revenus. L'un d'eux avait été acheté par la reine et les autres par l'aristocratie anglaise. En 1853, il se vit assez riche et assez sûr de lui pour quitter son ami et prendre une petite chambre non loin de là, rue Bellièvre.

quartier humble, isolé, où les appartements étaient à bon marché. Il y demeura peu et s'installa bientôt rue Saint-Pierre-le-Vieux, où les amateurs avaient de la peine à le trouver. La vogue venant et les marchands de tableaux le sollicitant, il fit un coup de tête qui lui réussit. Audacieusement, il prit un joli appartement au nº 29 de la rue Bourbon, le quartier le plus aristocratique et le plus bruyant de tout Lyon et c'est désormais de là qu'il se vit définitivement lancé.

Au mois de mars 1853, la Société d'horticulture de Marseille lui avait décerné une médaille d'argent grand module, en même temps qu'un amateur lui avait offert 70 francs d'un petit bouquet d'iris. Le 21 octobre 1854, le secrétaire du département de l'instruction publique du canton de Genève le prévint que le jury de l'Exposition lui avait accordé une médaille d'or de la valeur de 200 francs. Cette médaille lui parvint au commencement du mois suivant.

Le 8 mai 1855, un ami lui annonce que l'empereur et l'impératrice, visitant l'Exposition, se sont arrêtés cinq minutes devant les *Fleurs printanières*; qu'ils ont paru charmés et que M. Soiderkelque a été ravi. Le jury ne fut pas du même avis, car il se montra sévère pour le jeune peintre. Celui-ci eût été désolé s'il n'eût aussitôt reçu de M. Eugène Delacroix une lettre énergique de protestation qui le consola en lui apprenant, ce qu'il devait largement connaître plus tard, qu'il ne faut pas plus compter sur la justice des comités que sur les foules.

La même année, son correspondant lui écrit qu'on offre 500 francs de ses *Raisins*, mais qu'il maintient le prix de 700 francs, pour eux, comme celui de 1,000 francs pour le *Rosier*. Ces prix devaient le consoler de la décision du jury. Dans cette lettre curieuse, son correspondant le prévient qu'il ait à se méfier de MM. Magaud et Reignier qui lui font une guerre active ; triste effet de la jalousie; faiblesse honteuse de la part d'hommes de mérite que Lays offusquait.

A la rigueur, cela pouvait se comprendre de Magaud qui reconnaissait son impuissance. Mais Reignier, dont le talent différait tellement de celui de Lays, Reignier aurait dû être au dessus de ces basses passions et marcher vigoureusement dans sa voie, sans se préoccuper de celle de son rival.

La lettre ajoute que ce qui nuit à son succès, ce qui lui empêche d'occuper la place qu'il mérite, c'est sa trop grande modestie. Des gens qui ne le valent pas entourent les puissants, remplissent les bureaux, font parler les journaux et enlèvent les positions.

Nous relevons surtout un mot charmant :

« ... Chassez votre timidité, ajoute son correspondant qu'il laissât à Saint-Jean cette modestie qui de [illegible] devient proverbiale ».

Éloge profond de l'élève et du maître !

« Du reste, nous étions... dans la pensée du Jury, ce n'est pas vous qu'on a voulu frapper. C'est votre maître, c'est Saint-Jean qu'on a voulu atteindre ».

Justice des hommes ! Y avait-il donc des cœurs assez bas placés pour humilier, décourager les plus nobles artistes du pays ?

Était-ce la camaraderie qui, une fois de plus, avait fait des siennes ?

Quel était donc le maître illustre de la cabale, quel était le phénix que le Jury avait cru devoir ainsi protéger contre les succès, contre la gloire des deux peintres lyonnais ?

Cet aveu est triste pour l'humanité ; il est honteux pour l'histoire des arts.

Pas plus que Saint-Jean, Lays ne fut arrêté dans sa marche ascendante. Au mois d'avril 1855, on lui demanda une guirlande de fleurs emblématiques, destinée à l'Impératrice de Russie, et ce fut l'écrivain Alphonse Balleydier qui se chargea de l'offrir. Puis, de tous les côtés, de tous les points de l'horizon, arrivent des commandes. Le goût est à la fleur. Lays et Saint-Jean ne peuvent suffire à cet engouement. Ce dernier, frappé au cœur par le deuil qui doit l'emporter, se lasse et s'arrête découragé. La vie n'a plus d'espoir pour lui. Lays redouble de courage et produit avec une incessante activité. En 1858, il obtient une médaille de deuxième classe à l'Exposition de Dijon. Les journaux de Paris s'occupent de lui, les critiques d'art le prônent et se font un malin plaisir de l'opposer aux artistes en renom ; les villes lui demandent des toiles pour leurs Expositions ; il nage en pleine prospérité.

Et malgré cette fortune et cette gloire, le jeune peintre reste économe et modeste ; il ne jette pas au vent, comme tant de camarades, cet or si péniblement gagné. Il travaille, il agit, pense, étudie ; vit sobre, isolé, et s'il se permet une dépense insolite, en dehors de son budget ordinaire, c'est pour aider à sa famille dont il reste toute sa vie le généreux protecteur.

Mais une vive tentation vient l'assaillir.

Il est célèbre et ses admirateurs, ses amis ne comprennent pas qu'il reste enseveli dans une ville de province. Comment résista-t-il à une lettre que nous avons sous les yeux ? Elle fit miroiter devant lui tout ce qui peut séduire non seulement un ambitieux, mais l'homme le plus désintéressé.

On lui promet tout, renommée, richesse, admiration du public, la protection et l'amitié de Jubinal, de Pitre-Chevalier, de Paul d'Ivoy qui raffolent de lui et le portent aux nues.

« Votre place est ici, lui dit M. Balleydier ; dans huit jours, vous aurez plus de hauts personnages qui verront votre œuvre que pendant dix années à Lyon »...

Hélas! il n'est que trop vrai! ce n'est pas en province qu'on peut trouver des encouragements, des protections; une émulation noble et généreuse, chez les égaux ; un appui chez les grands. Ce n'est pas en province qu'on peut ouvrir ses ailes et prendre son vol. « Paris, continue Balleydier, est la seule ville au monde qui puisse fixer le génie... Il faut que le nom de Lays retentisse en Europe... Ma femme, avec sa grande prudence, pense qu'à Paris vous devez faire un brillant chemin et vous pouvez compter sur sa haute raison, sa bienveillance, son bon vouloir; et ce ne sera pas des paroles à la française, c'est la vérité.

« Courage! espérance! et je ferai pour vous comme pour mon frère ; mais votre talent me facilitera la besogne; puis, je vous le répète, Paris est la ville des miracles. Si vous n'êtes pas amoureux, laissez le mariage se rafraîchir dans les eaux glacées du Rhône. Nous vous trouverons ici gloire et richesse... Ne vous endormez pas dans une ville où vous aurez toujours Saint-Jean devant vous. Il y a une place à prendre à Paris ; quand je dis Paris, je veux dire le monde, car Paris est bien la capitale des arts.

« ... Laissez Saint-Jean à Lyon, disait encore Balleydier; c'est sa place. Il est trop âgé pour venir à Paris ; je vous le dis de tout cœur, de toute âme, et en préparant mes armes.

« ... Adieu, mon cher Lays, je finis comme j'ai commencé. Ma conviction intime, ma conscience me disent que votre place est à Paris. Puis, qui vous empêche de conserver une petite chambre, mais toute petite, à Lyon?

« Voyez Bonnassieux, Courtet, Grobon ; à Lyon, ils ne seraient rien. Ici, Bonnassieux et Courtet ont une cour, surtout Bonnassieux. Grobon gagne de l'argent à faire des fleurs... et quelles fleurs ! »

Pouvait-on être plus pressant?

Quel artiste eût résisté à ces invitations chaleureuses, à ces sollicitations affectueuses, à ces perspectives qui n'étaient point de trompeurs mirages? Il ne succomba point, cependant, et que de lettres pareilles il recevait chaque jour ! Nous le gardâmes à Lyon; il nous resta. Fût-ce par timidité, prudence, méfiance de ses forces, crainte de l'inconnu? il a gardé son secret. Ayant un terrain solide sous ses pas, craignait-il le sol mouvant de Paris? On lui promettait tout et tout fut inutile. Né dans les montagnes de notre voisinage, il était Lyonnais de sang, de race, de sentiments, de mœurs, de caractère. Il travaillait modestement, courageusement, sans bruit, sans réclame, mais aussi avec conscience et fidélité. Avait-il une somme, il se gardait de la dépenser, de l'exposer, de la dissiper. La vie de bohême lui faisait horreur. Il gagnait peu, mais il ménageait ce peu. Il attendait la fortune, il l'aimait, elle vint; non une fortune tapageuse, brillante, mais modeste, à peine suffisante, juste au-dessus de la médiocrité; il s'y tint et, sans grands besoins, sans orgueil, il s'en contenta.

Cependant, il se trouvait à l'étroit dans la rue Bourbon. Sûr de ne pas commettre une imprudence, encombré de meubles, de toiles et de bibelots, il prit un petit appartement rue Sainte-Marie-des-Terreaux, en haut de la montée, près du magasin Dommartin; puis, au mois de juin 1860, cet appartement de la rue Sainte-Hélène, 29, où nous l'avons tous connu et qu'il ne devait plus quitter.

Ce local mérite peut-être d'être décrit.

Entre les immeubles de la rue Sainte-Hélène et ceux de la rue Sala est un vaste quadrilatère rectangle, espèce de cité ouvrière organisée à l'époque où ce quartier était peu habité. Au centre, un établissement de bains composé d'un rez-de-chaussée et d'une terrasse bitumée servant d'étendage, eut un moment de vogue: il est remplacé aujourd'hui par l'imprimerie de M. Jevain, une des plus importantes de Lyon. Au commencement du siècle, des voisins railleurs avaient donné à cette surface le sobriquet de *Cour des fainéants*. Faute d'autre, ce nom-là lui était resté; la poste l'avait admis et elle y portait les lettres sans hésitation Il y a cinquante ans, les habitants, voulant faire cesser cette appellation imméritée, apposèrent sur leurs murailles des écriteaux portant ces mots vengeurs :

Cour des fainéants j'étais,
Cour des diligents je suis.

Cette dernière appellation n'est jamais tombée dans le domaine public. La cour aujourd'hui porte le numéro des maisons de la rue.

C'est dans ce milieu modeste, loin du bruit de la foule et du roulement des voitures, que Lays vint prendre quatre jolies pièces, dont deux éclairées par un superbe jour du levant. Ermite volontaire, ascète digne de vivre dans les déserts de la Thébaïde, c'est là qu'il a vécu seul, isolé, pendant près de trente années, tout à son œuvre, tout à son art; indifférent aux passions de la foule, aux plaisirs, aux coteries des artistes de son temps; accueillant à bras ouverts les amis de son admirable pinceau : De Serres, Bailly, Sallé, Dufraine, tant d'autres, et ne sortant, le soir, que pour se reposer dans quelques vieilles maisons hospitalières, ou prendre l'air sur nos vastes quais.

Mais à peine était-il installé, à peine avait-il organisé sa vie qu'un coup amer vint le frapper.

Le malheur que la ville de Lyon redoutait arriva et plus tôt qu'on ne le pensait. Le 3 juillet 1860, Saint-Jean mourut, et si ce fut un deuil pour les arts, ce fut une douleur cruelle, un vide immense pour celui qui avait été son élève et lui avait voué un culte comme on en connaît trop peu.

Il ne songea pas un instant à la redoutable concurrence dont il était délivré, à la comparaison que, chaque jour, on lui opposait; il ne pensa point à l'affluence des demandes qui allaient lui être faites, à la place qu'il allait prendre, aux prix que ses tableaux allaient désormais atteindre; il oublia les petits froissements d'amour-propre qu'il avait subis dans l'entourage de son protecteur; il fut sincère et vrai dans le chagrin qu'il ressentit, ferme et inébranlable dans son admiration, son dévouement, et le temps ne fit rien, n'eut aucune influence sur les sentiments qu'il avait voués à celui que, jusqu'à son dernier jour, il appela respectueusement : Monsieur Saint-Jean.

Si l'amour-propre avait pu adoucir les amertumes de son cœur, il aurait trouvé, en ce moment, de quoi être amplement consolé. Cette année fut glorieuse pour lui entre toutes. Au milieu de nombreux concurrents, de puissants rivaux, il obtint une médaille de première classe à l'Exposition de Troyes et un grand prix à celle de Bruxelles.

Dans cette dernière ville, son succès dépassa tout ce qu'il avait rêvé. Il eut la vogue; il fut adulé de la foule et des journaux et un publiciste belge, critique d'art de la plus haute notoriété, M. Eugène Brebe, déclara : « Que Lays était un des plus brillants élèves de Saint-Jean ; qu'il honorait l'École française ; que ses tableaux avaient rencontré beaucoup d'admirateurs, à Bruxelles. » Sous la plume de cet écrivain, ces éloges avaient la plus haute portée; ils faisaient loi. Aussi, Lays reçut-il aussitôt de M. Willebrord, si connu en Angleterre, la lettre suivante :

« London, 21 octobre 1860.

« Monsieur,

« Je vous offre francs 3,000 de votre tableau. Il restera à Bruxelles jusqu'à la clôture de l'Exposition et je prends l'engagement de l'envoyer à Paris pour le Salon qui aura lieu au mois de mars prochain. Pour le reste, je m'en réfère au contenu de ma dernière.

« Si ma proposition vous convient, je vous couvrirai du montant de votre envoi.

« Entre temps, recevez, Monsieur, mes civilités toutes distinguées.

« E.-G. DE WILLEBRORD »

Ainsi voici le petit berger de Saint-Barthélemy en rapport avec les souverains de la Russie, les amateurs de Londres, les journalistes de Bruxelles, les amis des arts de toutes les grandes villes, qui le sollicitent, le prient de leur envoyer des tableaux, lui accordent des prix et des médailles, proclament son nom dans les feuilles publiques et lui paient ses œuvres le prix d'un champ ou d'une maison.

A côté de la lettre froide et sévère de M. Willebrord, vraie lettre d'affaires, lettre d'un Anglais, qu'on nous permette, comme contraste et opposition, la publication de la lettre pétulante et toute méridionale d'un homme célèbre, élève de l'Ecole des Chartes, érudit, publiciste, député, auteur et rapporteur de plusieurs lois utiles, Achille Jubinal, heureux acquéreur d'un tableau de Lays.

Elle est de la même année que la précédente, à en juger par sa classification dans les portefeuilles de notre ami.

« Paris, 24 juillet.

« Monsieur,

« Je ne saurais vous exprimer ma joie et mon contentement au sujet du tableau dont je viens de faire l'acquisition. Je n'en ai pas dormi. J'ai passé la nuit à admirer ces fleurs si merveilleuses que le printemps doit être jaloux, et depuis ce matin, il n'y a qu'un cri parmi tous mes visiteurs. — Et Gudin : « C'est superbe! C'est féerique! C'est inappréciable! C'est un chef-d'œuvre! » Pour moi, je ne sais ce que je dois le plus louer ou de votre talent, ou de la noblesse de cœur qui vous a fait donner ce tableau pour ce prix, qui n'est que la demi-partie de sa valeur. Un tableau comme le vôtre ne serait pas payé à deux mille francs!

« Je vous demande, Monsieur, comme une faveur, comme un honneur pour moi, votre amitié. Vous m'avez causé hier l'un des trois ou quatre plus grands plaisirs que j'aie éprouvés dans ma vie et vous êtes devenu pour moi, si vous me le permettez, un ami de vingt ans! Dans un siècle où, trop souvent, pour des bienfaits, on ne récolte que l'oubli, l'ingratitude ou l'injustice, rencontrer des hommes comme vous, c'est chose rare, presque unique, qui, en tout cas, doit marquer dans l'âme de celui qui en est l'objet.

« Merci donc, Monsieur, du fond de mon cœur, de m'avoir vendu une si belle œuvre! Vous m'avez compris... (deux mots illisibles). Que puis-je pour? (*sic*) je ne le sais pas encore; mais, dites-le moi. Si c'est possible, c'est fait; si c'est impossible, ça se fera. Je suis à vous, des pieds à la tête, du cœur, du poing et de la plume!

« Adieu, Monsieur très cher et au revoir.

« Votre ami très cordial et très acquis,

« Achille JUBINAL,

« Député des Hautes-Pyrénées.

« P. S. Êtes-vous de la famille de Lays, le célèbre chanteur? Nous serions alors compatriotes. »

Né à Paris, mais d'une famille originaire du Bigorre, Jubinal était resté méridional de race et on voit que l'Ecole des Chartes, la paléographie, l'érudition, la politique, la Chambre et l'âge n'avaient pu éteindre son imagination ni diminuer les élans de son cœur.

Sans se laisser distraire, Lays continue ses travaux. En 1863, il est récompensé à Nîmes et à Dijon. Le 9 mars 1864, il reçoit de M. Joséphin Soulary, chef de division à la Préfecture du Rhône, la lettre suivante :

« *Préfecture du Rhône*, *1re division*

« Monsieur,

« L'acquisition de votre tableau est prononcée à 2,000 francs qui vous seront payés ***immédiatement***.

« Veuillez, je vous prie, m'apporter votre facture sur papier timbré et un double sur papier libre.

« Recevez, je vous prie, l'assurance de mes sentiments les plus dévoués.

« JOSÉPHIN SOULARY.

Ce tableau acheté par la ville est : *La vigne à la Croix*, exposé au Salon lyonnais de cette année et acheté immédiatement, sous la pression de l'admiration universelle.

Le 11 mai 1865, il reçoit de la Société des Amis des Arts de Bordeaux la somme de mille francs pour la toile qu'il avait envoyée à l'Exposition de cette ville, tableau, dit le secrétaire, qui avait enlevé tous les suffrages.

Au mois de décembre, de la ville de Nîmes, le rappel d'une médaille de vermeil.

Au mois d'avril 1867, il envoie à l'Exposition de Paris une *Vierge aux roses* qui lui vaut une foule de lettres de félicitations. La toile est bien placée ; elle est dans un jour superbe, lui écrit-on. M. de Persigny veut voir l'auteur et lui donne audience pour le 16 mai. Le 31 de ce mois, il reçoit un mandat de 480 francs pour une petite toile admise à l'Exposition de Metz et, le 18 juin, le comte de Nieuwerkerke, sénateur, surintendant des Beaux Arts, lui écrit :

« Monsieur,

« J'ai l'honneur de vous annoncer que M. le ministre de la maison de l'Empereur et des Beaux-Arts a bien voulu, sur ma proposition, acquérir au compte de son département et moyennant la somme de trois mille francs, le tableau ayant pour sujet *La Vierge aux Roses* que vous avez exposé au Salon de cette année, sous le numéro 892...

« ... Veuillez me faire savoir si vous désirez recevoir cette somme de 3,000 francs à Lyon ? »

Cette belle toile fut, à la fin du Salon, offerte par l'Empereur au Musée de la ville de Beauvais.

En 1868, Clermont-Ferrand lui décerne une médaille d'or ; la lettre d'envoi est charmante. La même année, le Havre, Montpellier, Dijon, lui accordent les plus brillantes récompenses. En 1869, la ville d'Amsterdam lui fait le plus sympathique accueil. On se dispute ses toiles ; on les achète au prix qu'il demande et il y reçoit le titre envié de membre correspondant de l'Académie royale. Ce même hiver, il expose à Vienne (Autriche) et la direction impériale des Beaux-Arts lui achète deux mille francs le tableau qu'il a envoyé. Le 23 mars 1870, on lui fait passer le montant de cette somme. C'était la fin des beaux jours. L'année terrible commençait. Après une lutte héroïque, la France fut vaincue. On crut que c'en était fait de l'art comme de la patrie. Ni l'un ni l'autre ne fut anéanti. Tous deux se relevèrent et l'année 1871 n'avait pas fini son cours qu'ils se montraient tous deux plus énergiques et plus vivaces que jamais.

Le 22 juillet 1871, Lays apprend qu'un tableau : *Couronnes impériales et roses*, qu'il a envoyé à l'Exposition permanente des Beaux Arts, à Genève, a été acheté avec empressement par M. Gustave Revilliod qui l'a payé douze cents francs. C'était énorme pour la situation où se trouvait l'Europe. Le secrétaire de l'Athénée, en lui annonçant la somme, ajoute que Genève est rempli d'amateurs et d'admirateurs de son beau talent, ce qui devra engager l'artiste lyonnais à envoyer chaque année quelque œuvre nouvelle qui n'aura pas à craindre un retour.

Ainsi les compliments accompagnaient la fortune. Que pouvait-on désirer de plus ?

Londres aussi faisait des demandes. L'atelier ne chômait pas un instant ; le pinceau avait beau courir, on le trouvait lent au gré de tous les désirs. Si l'Europe était si bienveillante, si, au dehors, la sympathie était si universelle, que devaient être les succès du peintre à Lyon !

Ici, nous pouvons placer l'épisode si touchant de M. Alexis, ancien ouvrier graveur, dont la vie fut si humble, si laborieuse, si obscure et dont la mort eut un si grand retentissement.

Sur le quai de la Charité et non loin de l'atelier de Lays, vivait depuis longues années, ou plutôt s'éteignait un vieillard sans famille, à peu près sans parents, seul, oublié, délaissé, dans une pénurie qui touchait à la gêne, manquant de tout, au milieu d'une collection de gravures, de tableaux, d'œuvres d'art, qu'il avait acquis, amassés, amoncelés, au prix de soixante ans d'économie, de jeûnes et de privation.

Comment ce vieillard connut-il Lays ? Comment Lays pénétra-t-il dans cet appartement fermé à tous ? Comment le pauvre abandonné, si méfiant, qui ne voyait partout que larrons, bandits ou intrigants, ouvrit-il son cœur au jeune artiste ? Nous l'ignorons. Un jour, Lays fit une visite, un autre jour il donna de bonnes paroles et des encouragements.

Le vieux malade soigné, distrait, amusé, ne put bientôt plus se passer de la vue de son ami. Celui-ci vint plus régulièrement, donna de l'air, du jour et de la propreté à l'alcôve et à trois pièces toujours hermétiquement fermées. La nourriture fut plus abondante, les forces revinrent et le père Alexis, qui, depuis la mort d'une mère adorée, n'avait jamais rien aimé, qui n'avait jamais été marié et qui n'avait eu jamais qu'une passion : la peinture et les bibelots, fut ravi d'avoir trouvé un fils, une famille, un parent. Lays pour lui remplaçait tout.

Ce fut au mois de mai 1871, que je vis pour la première fois et que je connus ce type admirable d'ouvrier intelligent, vivant comme un ascète, ayant traversé la jeunesse, l'âge mûr et la vieillesse sans se départir de la plus austère sobriété ; ne travaillant que pour une seule maison, la maison Giraud, si connue à Lyon ; n'habitant que le même appartement et poursuivant toujours le même but : honorer l'art, étudier les secrets de la gravure, admirer, acquérir les monuments qu'elle a produits ; enlever des ventes ou des enchères, arracher à l'ignorance des marchands de bric-à-brac, des aquarelles, des lavis, des dessins de nos meilleurs maitres et se créant, à force de privations, mais avec un flair exquis, une galerie, une collection plutôt, amoncelée, entassée dans des placards, dans des alcôves, à terre, contre les murs et n'ayant d'autre consolation dans l'affaiblissement de sa vieillesse que la contemplation de ses trésors et la mémoire du passé.

Ce fut Lays qui m'introduisit dans ce mystérieux réduit fermé à tous. Le maitre m'attendait, couché sur un mauvais lit et les yeux à moitié éteints par le travail. Il voulait me voir ; il avait désiré que je connusse, rare faveur, ces objets si précieux, culte de sa vie. Pendant trois heures, j'admirai, allant du chef-d'œuvre, qui me ravissait, au vieillard à grande barbe blanche, à la longue chevelure répandue sur les épaules, qui écoutait mes pas, souriait à mes exclamations et, à chaque objet, m'expliquait l'auteur, le sujet, le jour de l'achat, les conditions, les embarras, le prix. Ce retour au passé, ce regard en arrière, ces souvenirs évoqués ranimaient sa caducité, rappelaient ses forces et amenaient la rougeur du plaisir sur ses grandes joues décharnées. Je revins, à sa prière, j'étudiai ce que je n'avais qu'entrevu et, un jour, *la Revue du Lyonnais* du mois d'août 1871, publia une étude intitulée : *Les Richesses de M. Alexis*. C'était une énumération rapide, une esquisse des curiosités que nous avions vues. Ce fut une émotion immense à sa lecture et M. Alexis faillit en mourir d'attendrissement et de plaisir.

C'était pardonnable pour un vieillard de 85 ans, artiste impressionnable et alité. Les soins de Lays le relevèrent et nous eûmes la consolation de voir que, ce moment de crise passé, M. Alexis reconnaissant, heureux et glorieux de mon travail, avait repris goût à la vie et se disait payé de ses souffrances, puisqu'elles lui avaient valu éloges, sympathie et notoriété.

A propos de cette notice, j'avais annoncé, sur la foi du vieillard, dont la mémoire avait faibli, qu'il avait tiré lui-même les gravures de l'illustre Jean-Jacques de Boissieu, et je lui avais attribué une gloire qui revenait à Jacques-Antoine Giraud, chef de la maison si renommée où travaillait Alexis. C'est M. Giraud qui avait aidé M. de Boissieu de sa vieille expérience; qui avait suivi son travail si délicat, lui avait donné des conseils et, seul, avait tiré les planches célèbres du graveur lyonnais.

M. Alexis n'était entré dans la maison Giraud qu'en 1815, cinq ans après la mort de Jean-Jacques de Boissieu. Les planches que M. Alexis avait tirées et qui lui avaient valu sa réputation d'artiste étaient celles de M. Jean Baron, négociant, prud'homme, graveur hors ligne, né en 1786, mort en 1869, inconnu à Paris, oublié dans sa ville natale, et à qui M. Thierriat écrivait, en janvier 1866 :

« Mon cher ami,

« Je viens d'acheter, chez Meunier, votre belle eau-forte du *Chemin d'Izeron*. Je l'avais déjà, car vous me l'aviez donnée avec plusieurs autres. Cette planche fait la barbe à tous les aquafortistes de Paris. C'est un vrai chef-d'œuvre. Un jour, cette estampe se vendra plus cher que les Rembrandt, car elle est plus vraie. »

Baron excellait surtout dans le feuillé des arbres. Son œuvre se compose de 179 eaux-fortes et de 51 dessins sur papier reportés sur pierre.

A propos de Boissieu et de Baron, j'ai rétabli la vérité. Je reviens à Lays et à mon vieil Alexis.

Propre, lavé, peigné, repapilloté, visité par les dames et les messieurs, loué par les journaux, chanté par les poètes (1), Balthazar Alexis était le plus heureux des hommes, quand il s'éteignit doucement, le 2 juillet 1872, à 86 ans.

Alors on s'occupa tout à fait de lui.

---

(1) Voici l'acrostiche, modèle de ce genre difficile, que lui consacra Madame Amélie Moissonnier :

Balthazar, doux appel des lèvres maternelles,
Alexis, familier aux chastes immortelles
Laissez-moi, noms heureux, vous bénir en mes vers.
Tu fus prêtre de l'art, en ce vaste univers,
Héros du vrai courage et des vertus modestes,
Aux temples consacrés, loin des plaisirs funestes.
Zélé, recueilli, fort, on te vit, plein d'ardeur,
A l'art pur et serein offrir un dur labeur,
Réunir en tes mains mille et mille richesses.

A la privation tu puisas tes largesses.
L'amour, l'instinct du beau surent guider tes choix
Et du profond oubli tu les tiras parfois.
Xénophon au sol grec rendit dix mille braves;
Ici que de trésors! que de nobles épaves
Se pressent sous tes yeux, s'animent à ta voix!

(*Revue du Lyonnais*, janvier 1872.)

Par son testament, il donnait à la ville trois belles toiles de sa collection : un *Portement de Croix*, par Holbein; le *Marché de Saint-Just*, par Bellay et son portrait à lui, par Trimolet.

Le reste à son ami Lays.

La coterie en poussa des cris de fureur.

Quoi! tant de belles choses, quoi! une fortune à un étranger, à un homme qui ne lui était rien! à un sauvage, un misanthrope, à un parvenu! N'eût-il pas mieux valu léguer ces richesses à la ville, aux hospices ou à quelque œuvre de charité?

Qu'avait donc fait cet homme pour mériter cette aubaine?

Pendant quelques années, sans doute, il avait donné des soins au vieillard; il l'avait consolé, relevé, charmé; il avait adouci ses derniers instants; tout le monde en eût fait autant.

De leur côté, les marchands étaient exaspérés. Ils comptaient acheter ce mobilier sous la cheminée, pour rien. Qui donc avait révélé sa valeur? On espérait acheter en bloc et comme objets de pacotille, les cartons pleins des aquarelles de Calame, Charlet, Gudin, Bellangé; les toiles de Blanchet, Greuze, Boucher, Wouvermans, Vernet, Grobon; et il faudrait les payer?

C'était une trahison qui demandait vengeance: mais les actes étaient réguliers; il n'y avait rien à faire pour le moment.

On rongea son frein et on attendit. L'année suivante, la vente produisit soixante mille francs.

Mais bientôt l'occasion d'une petite méchanceté se présenta, et on ne manqua pas de la saisir.

Les meneurs agirent en secret; les honnêtes, les indifférents, les inattentifs laissèrent faire; il n'est pas de club, de société, de réunion qui ne se laisse pousser par un ressort secret.

Nul n'est prophète dans son pays, dit-on, et Lays, jalousé, Lays qui n'était pas de Saint-Pierre, Lays fit une nouvelle expérience de cet axiome cruel.

En 1872, Lyon avait rouvert son Salon annuel et, sollicité par quelques amis, notre artiste, oublieux du passé, avait envoyé une toile. La mit-on à contrejour? dans un coin obscur? ou à la corniche, ainsi qu'on l'avait si souvent pratiqué pour lui? nous ne savons; mais le jour des récompenses arrivé, on s'occupa de son tableau. Il n'était pas possible qu'on l'oubliât. Lays, à cette époque, n'était pas de ces hommes qui passent inaperçus. Orgueil de Lyon, bien vu de l'étranger, il avait une auréole de gloire avec laquelle il fallait compter. On s'en souvint.

Nous trouvons, à ce sujet, une lettre dans ses cartons; elle est du 12 novembre 1872.

Elle n'est ni d'un prince de la finance faisant une offre, ni d'un journaliste, ni d'un amateur.

On ne lui vante pas ses tableaux en les couvrant de billets de banque; on ne met pas ses fleurs au-dessus de celles du printemps; on ne lui donne pas rendez-vous; on ne cherche pas à le voir, comme le marquis de la Rochejaquelein, le duc de Persigny ou le duc de la Rochefoucauld; on ne lui offre pas la croix de la Légion d'honneur comme à tant d'autres.

Cette lettre est signée tout simplement Jean-Pierre Lays. Elle est adressée au Secrétaire de la Société des Amis des Arts.

La voici :

Elle nous changera des félicitations, des louanges, des hommages, des ventes, des achats, des médailles, des couronnes, des succès dont nous avons été rassasiés jusqu'ici.

« Monsieur le Secrétaire,

« Je refuse la médaille de bronze que le jury de l'exposition des Beaux-Arts a eu l'injustice de me décerner. C'est un outrage que je n'accepte pas. Mes œuvres ont été appréciées à Paris, à Londres, à Bruxelles, Genève, Amsterdam, Vienne et dans les principales villes de France, par des artistes de talent qui m'ont rendu justice. J'ai obtenu quinze médailles, toutes en or, en argent, ou en vermeil et, dans mon pays, la coterie m'en donne une de bronze.

« Le jury des Beaux-Arts aurait dû être composé d'artistes étrangers et non par des hommes jaloux et des incapables de notre ville.

« Cette petitesse de la part du jury ne m'étonne point. Trois ou quatre membres du jury, qui m'en veulent, ont cherché, dans toutes les circonstances, à nuire à ma réputation. Ils ont cru, en m'abaissant, s'élever eux-mêmes; mais dans le monde il y a des hommes éclairés qui sauront apprécier le mérite et flétrir l'injustice des membres du jury de Lyon. Ils auront pour eux la honte, et moi j'aurai l'estime des hommes honnêtes et éclairés.

« Je sais, Monsieur le Secrétaire, que vous n'y êtes pour rien et je suis convaincu que, dans le fond de votre conscience, vous reconnaissez l'injustice du jury.

« Veuillez, je vous prie, lui faire part de mon refus.

« Veuillez agréer, je vous prie, Monsieur le Secrétaire, mes salutations.

LAYS.

« Lyon, 12 novembre 1872. »

Bien curieuse cette petite lettre dictée par l'indignation.

Lays n'exposa presque plus chez nous et seulement à de longs intervalles.

En 1874, il obtient une médaille, à Rouen ; pas de bronze, pensons-nous.

Le 25 juillet 1875, il reçoit avis du Ministère de l'agriculture et du commerce qu'on lui envoie, par l'entremise de M. le Préfet du Rhône, deux nouvelles médailles, une française et l'autre anglaise, celle-ci venant de Londres. Il paraît que son succès à l'étranger ne diminuait pas.

Le 12 mars 1876, il reçoit de la Société des Amis des arts de Paris un chèque à vue de mille francs pour le tableau qu'il avait envoyé à l'Exposition de cette ville : *Offrande des Marins à la Vierge* : puis, le 27 juin de la même année, une lettre de la Société des Amis des arts d'Avignon. Nous la donnons :

« Monsieur Lays.

« Nous ne vous avons pas accusé réception de votre superbe toile parce que nous ne le faisons pas d'ordinaire ; notre silence est une déclaration que l'envoi est arrivé sans encombre et a suivi de près la lettre d'avis.

« *Le Bien et le Mal* ont fait dire beaucoup de bien et point de mal du tout. Il n'y a qu'une voix pour louer cette toile et tous les comptes-rendus de notre Salon en font l'éloge, soit par journaux, soit par lettres particulières.

Je dois vous dire qu'elle occupe la place d'honneur, dans notre plus grande salle. Elle commande l'Exposition; elle est au centre d'arrangement et la symétrie des autres tableaux est organisée d'après l'axe du vôtre. Ce n'est pas une faveur, c'est un droit. Il est au plan le plus bas (sur la cymaise, place enviée) et l'on peut jouir de tous ses détails si parfaits et si délicats.

« Un Monsieur nous a manifesté le désir de le voir dans sa salle à manger, mais je dois vous avouer qu'il ne voudrait pas mettre un tel prix, quatre mille francs.

« Il ne dit pas que l'œuvre ne les vaut pas, mais il n'est pas à même de faire une pareille dépense.

« Si vous vouliez faire un sacrifice sérieux pour contenter le goût de votre admirateur, je vous serai très obligé de m'en faire part.

« Agréez, Monsieur, l'assurance de ma considération distinguée.

« Le secrétaire-adjoint,

« BIENVENU ROUX. »

Il faut convenir que s'il y avait une coterie, à Avignon, elle était toute en faveur de Lays.

Outre ce succès d'amour-propre, l'artiste obtint une médaille d'argent. D'après ce qui précède, nous espérions mieux que cela.

L'année d'après, rappel de la médaille d'argent, et lettre de condoléances du secrétaire de l'Exposition qui ne comprend rien à la décision du jury.

Entre temps, il expose à Philadelphie, deux toiles; l'une représente un *Meuble sculpté supportant une corbeille de fleurs*, l'autre une *Corbeille avec des fleurs et des fruits*. La vente va si bien qu'il n'a rien pour l'Exposition de Paris. En vue de cette fête, il avait préparé un tableau magistral. Sa toile représentait un *Bas-relief grec dans lequel des enfants poursuivent une chèvre*. Sur le marbre repose une corbeille de fleurs; on aperçoit un temple dans le lointain.

Malheureusement, M. Laurent Descours, ancien député du Rhône, vit cette œuvre pendant que le peintre l'achevait. Il l'acheta sans marchander, en promettant de la laisser partir pour Paris; puis, pour en jouir plus vite, il la fit porter dans sa villa de Brignais ; mais une fois en place, le propriétaire ne voulut plus s'en dessaisir et le public fut privé d'un des plus beaux morceaux de l'auteur.

Ici s'arrête la correspondance que l'artiste entretenait avec les amateurs, les villes et l'autorité. Les héritiers n'ont pu nous confier que le volumineux paquet que nous avons dépouillé. C'est un bien, peut être. N'avons-nous pas assez parlé d'Expositions, de médailles et de diplômes? Cette nomenclature eût été toujours la même : des louanges, de bonnes nouvelles ou des regrets ; bien entendu quand il ne s'agissait pas de Lyon.

Cependant, voici pour changer :

« Je suis navré, lui écrit un correspondant qui n'a ni daté sa lettre, ni indiqué la ville où il se trouve. La pièce est intercalée à la date de 1876 ; viendrait-elle de Philadelphie ? Et cependant tous les tableaux envoyés à Philadelphie avaient été vendus.

« Je suis navré et doublement surpris de l'avis que j'ai à vous transmettre. C'est à ne plus rien comprendre à la peinture. S'il s'agit de faire passer les pochades et les choses informes avant les œuvres sues et complètement exécutées, le jury a bien rempli sa mission. Ne vous laissez pas abattre, mon cher Monsieur Lays. Cela n'ôte pas un centime à votre talent; c'est de la maladresse et je dirai plus, de la mauvaise foi.

« Recevez, je vous prie, mes affectueuses civilités.

« CARPENTIER. »

Toujours ainsi ! Ou du moins : Souvent ainsi ! On ne veut plus étudier, à quoi bon ? Dessiner ? Vieux jeu. La pochade l'emporte sur le rendu, l'à-peu près sur le serré, le décor sur le fini. On peint à la truelle ; on gâche la couleur au doigt ou au couteau et, à quinze pas, on a un trompe-l'œil superbe, bon à éblouir le bourgeois. A ce métier, un élève en sait bien vite assez; il quitte le maître et, pour peu qu'il ait de l'audace et des amis, qu'il soit crampon, tenace et appuyé, il aura commandes, fortune et honneurs.

Ce ne sont pas les exemples qui font défaut.

Quant à la composition, au style, aux idées, à la pensée, on sait, depuis longtemps, qu'il n'en faut plus.

Fidèle à la vieille méthode lyonnaise, Lays admirait sa fleur; il la cueillait, l'étudiait, la savait et il la rendait aussitôt avec sa physionomie à elle, ses attitudes, ses mœurs, sa couleur vraie, son dessin exact et pur. C'était un dernier souvenir de l'Ecole lyonnaise, à jamais disparue aujourd'hui.

Cependant, son esprit, depuis quelques temps, n'était pas tout à sa peinture et à ses tableaux. Il ruminait un grand projet. Il s'en ouvrit à ses amis qui l'applaudirent. Encouragé, il passa énergiquement de la pensée à l'exécution.

Saint-Jean était mort depuis quatorze ans, et Lyon ne lui avait pas rendu tous les hommages que Lays lui croyait dûs. Le maître avait un buste de marbre au Palais des Arts, à côté des autres célébrités lyonnaises; l'élève eût voulu autre chose, ou plus.

Terrain sondé, voyant qu'il n'y avait rien à

faire dans notre ville, Lays se tourna du côté de Millery, riche commune, où les parents de Saint-Jean étaient nés, où ils reposaient, où le peintre illustre avait passé une partie de sa vie, où son souvenir était vivant, où, sans diversité d'opinion, tout le monde lui était sympathique et dévoué.

Lays rêva d'ériger un joli mais simple monument au centre de Millery. Un buste en bronze, un socle en pierre et c'était tout. Plus tard, on pourrait y ajouter une fontaine. On verrait.

La municipalité consultée y prêta généreusement les mains; elle offrit l'endroit le plus apparent de la ville, à l'extrémité de la place; le statuaire Bailly se chargea du bronze. Lays créa une Commission composée de MM. Pictet, Sallé, A. Saint-Jean, Delorme, Deyrieux et Marin Il en resta président, et tous aussitôt se mirent à recueillir des souscriptions qui abondèrent.

La famille donna 500 francs, mais aussitôt resta complètement étrangère au projet. On eût dit qu'elle était blessée de l'initiative du vaillant Lays qui se multipliait avec la plus louable ardeur.

On me demanda une notice biographique, et je la promis. On était au commencement de 1885 et j'avais le temps.

Juin se passa en travaux. Le socle fut érigé et le buste coulé arriva. On comprit que l'inauguration du monument pourrait avoir lieu vers la fin de juillet. Le dimanche 26 fut définitivement choisi.

La fête devait avoir lieu avec une certaine solennité. La population était empressée ; la municipalité était tout acquise au projet. Sans attendre la cérémonie, surprise aimable, elle donna le nom d'*Avenue Saint-Jean* à la voie qui conduit à la place et passe derrière l'édicule. La fanfare promit son concours ; Millery se fit beau et coquet. Tout se sait vite à la campagne. Les localités voisines annoncèrent qu'elles accourraient à cette réjouissance de l'intelligence et du cœur.

Lays triomphait; tout marchait à souhait; les amis de Saint-Jean se félicitaient sur toute la ligne; on se croyait au bout, mais les ennuis allaient commencer.

Le fils de M. Saint-Jean, jeune homme de grande espérance, était décédé depuis longtemps. La fille du grand artiste était veuve d'un riche négociant. Elle habitait Ecully et n'avait qu'un fils. Mme J. ne partageait pas les goûts de son illustre père.

Je n'avais pu obtenir quelques renseignements que j'avais sollicités. On était froid pour la fête. Décidément, les intéressés ne voyaient pas de bon œil ce monument érigé à leur chef. Ils se tenaient à l'écart; ils refusaient d'assister à la cérémonie; la Commission se sentait découragée, désavouée.

La famille n'osait pas la blâmer ouvertement, mais elle ne l'approuvait pas.

Enfin, quelques jours avant la solennité, l'orage éclata.

Le 10 juillet, M. Lays reçut de M. le Maire de Millery la lettre suivante :

« Millery, le 9 juillet 1885.

« Monsieur Lays, président
du Monument Saint-Jean.

« J'ai l'honneur de vous informer que deux délégués du Conseil municipal se sont rendus auprès de Madame J. pour connaître ses intentions au sujet de l'inauguration du Monument Saint-Jean. Madame J. a déclaré formellement ne vouloir aucune fête pour le jour de l'inauguration. Respectant ses volontés, le Conseil vous informe qu'il n'y aura pas de fête officielle et je vous prie de vouloir bien en donner avis à M. Bailly.

« Agréez, Monsieur, l'assurance de mes sentiments les plus distingués.

« Le Maire,

« MORIN. »

Timbre de la Mairie de Millery.

Ainsi tout s'écroulait.

On repoussait notre zèle et notre dévouement ; on protestait contre notre joie ; on se séparait des hommages que nous voulions rendre au peintre lyonnais. La Commission fut désolée, Lays consterné ; c'était à tout abandonner.

Lays et Bailly se rendirent à Ecully pour faire lever l'ostracisme ; ils ne furent pas reçus.

Cependant, le jour approchait.

Lays, inquiet, voulut donner un dernier coup d'œil aux préparatifs. Le samedi matin, il reprit la route de Millery.

Quelle ne fut pas sa stupeur et son désappointement, quand il apprit que deux jours auparavant, le jeudi, M. J. fils avait paru et qu'il avait pris sur lui de contremander la fête. Il avait remercié le Conseil municipal de sa bonne volonté, déclaré qu'il n'y aurait aucune cérémonie ; annoncé qu'on ôterait le voile du buste sans musique et sans discours. Il avait annulé les invitations et rendu leur liberté aux musiciens qui avaient aussitôt pris des engagements ailleurs ; puis il était reparti pour Ecully dans une jardinière d'emprunt.

Lays en fut anéanti.

Sans perdre un instant, le courageux artiste courut chez le maire qui lui fit le meilleur accueil ; chez Messieurs les Conseillers qui n'y comprenaient plus rien ; chez les musiciens dispersés dans tout le bourg et il est grand. Les membres de la Commission qui se trouvaient sur place se mirent en course avec lui et réparèrent autant que possible le désordre jeté dans les esprits. Quand, le soir, Lays revint à Lyon, il était brisé, moulu, mais satisfait.

Le lendemain, le soleil se leva radieux.

A une heure, la fanfare descendit à la gare, à la rencontre du cortège, et remonta la montagne en faisant retentir ses airs les plus joyeux.

En tête, marchait toute la jeunesse indisciplinée du pays.

Derrière, venait la bannière ornée de ses médailles, fruits de glorieux triomphes.

A la suite, la fanfare presque au grand complet.

Derrière la musique, MM. Lays et Bailly, héros de la fête; puis la presse de Lyon, la Commission, les amis, des artistes, des invités. Le cortège traversa le bourg au milieu de l'enthousiasme général, arriva sur la place et se mit en cercle autour du monument.

La musique et les délégués se rendirent aussitôt à la mairie et en ramenèrent M. le Maire et son Conseil. La foule couvrait tous les abords.

Tout à coup, l'hymne national retentit; le voile fut enlevé et les traits doux et fins du peintre célèbre apparurent à l'assemblée. Elle applaudit; elle avait reconnu l'enfant du pays.

Tout Millery n'avait qu'un cœur en ce moment.

Après Saint-Jean, on acclama Lays et Bailly. les bravos redoublèrent ; il y avait de l'attendrissement dans l'air. Les deux amis furent largement récompensés de leurs peines ; ils oublièrent leurs amertumes dans le plus doux triomphe qu'il soit possible de goûter.

Vint le discours qui fut religieusement écouté et vivement applaudi. Le Maire embrassa l'orateur, le Conseil municipal le félicita et un vieillard lui déclara qu'en quelque occasion que ce fût, il pouvait demander aide et secours à Millery et que la population entière se lèverait en sa faveur.

Le dîner fut à l'avenant, gai, cordial, expansif. Il dura longtemps, chacun était heureux. Le soir venu, la foule et la fanfare ramenèrent les invités à la gare. C'était pour tous un jour de fête sans nuage ; un de ces jours qui comptent dans la vie et laissent dans l'âme de longs et vivants souvenirs.

Le lendemain, la presse conta la fête d'une façon sympathique et charmante et rendit justice au talent brillant de Bailly, au dévouement sans borne et si touchant de Lays, que cet hommage à son maître honora plus que sa meilleure toile.

Tout le monde peut avoir du talent ; il y en a

énormément en France; tout le monde n'a pas de cœur; c'est une marchandise rare. Toute sa vie, Lays en montra et du meilleur.

L'année suivante, il rêva un tout autre projet.

Riche de sa médiocrité, heureux, indépendant, Lays, en 1886, voulut faire le pèlerinage artistique d'obligation et présenter ses respectueux hommages à Michel-Ange et à Raphaël, aux lieux mêmes où ils ont acquis une si grande gloire, à Florence la belle, et surtout à Rome, villes privilégiées qui reçurent des beaux arts un si magique éclat. Le 27 mars, il fit son testament, distribua sa fortune entre tous ses parents, fit quelques legs à ses amis et, le cœur content, comme un homme prudent qui ne laisse rien en souffrance, il se lança résolûment vers l'inconnu.

Le 30, au matin, il prit joyeusement son billet au P.-L.-M., *gaminant* comme un écolier en vacance. A 10 heures, il quitta Lyon; trouva le printemps à Valence, salua le château des papes à 4 heures, comme il a soin de nous l'apprendre et, à 7, entra dans la gare de Marseille, émerveillé d'avoir échangé en si peu de temps les brouillards lyonnais contre les amandiers fleuris et le beau soleil de la Provence.

Son voyage commençait. Il donna tout le 31 aux monuments et aux curiosités de la capitale du Midi, admira le Pérugin du Musée; le *Pilori* par Glaize; un Rubens, un Ruysdaël, un Ribeira; cita, dans ses notes, un Ziem, un Daubigny, trois Corot et une suite de Parrocel, mais ne dit pas un mot du magnifique palais qui les contient.

Le jeudi, 1er avril, à 7 heures, il reprit sa course, aperçut Toulon, Nice, Monaco et vint coucher à Gênes, à minuit.

Le 2, dans un enchantement qu'il ne cherche point à dissimuler, il visite les églises, les musées et les palais; voit, le lendemain, Pise, où il passe la nuit et vient le 4, coucher à Florence. Il ne respire pas d'enthousiasme; ses notes sont brûlantes; sa plume tremble d'émotion.

Il ne se contient pas quand il décrit le musée Pitti, le Baptistère, la cathédrale, les Offices, les Cascines, les églises. Mais c'est toujours aux tableaux qu'il revient, à Raphaël, au Corrège, au Guide. « Fra Angelico de Fiesole, écrit-il dans son exaltation, m'a fait oublier la terre, et m'a transporté dans le ciel. »

Le 12, il veut partir le matin pour Rome, mais il manque le train et va visiter Lucques. Il se fait ouvrir le Musée qui est fermé, et s'extasie devant un splendide Dominiquin.

Enfin, ses vœux sont comblés. Le mardi, 13, à 7 heures, il arrive à Rome, descend à la Minerve, court à Saint-Louis des Français, au Palais Borghèse et, sur son portefeuille de voyage, laisse à chaque instant tomber comme des perles, les noms de Raphaël, Pérugin, Michel-Ange, Apollon du Belvédère, ou Laocoon.

Il est complètement enivré devant Saint-Pierre, le Vatican, Sainte-Marie-Majeure, le Capitole, Saint-Paul, les musées, les galeries, les palais et les monuments, sacrés par le temps, qui rappellent la cité reine du monde : Aventin, Quirinal, Palatin, Colisée, Champ de Mars. Il ne peut faire un pas sans pousser des cris d'admiration ou sans s'arrêter avec un tremblement de crainte et de respect.

Rome est un sphinx dont peu de gens comprennent la langue. Elle est triple et chacune de ses formes est un monde à part. Historien, artiste ou pèlerin, on est séduit et fasciné ; mais ce n'est ni dans un voyage ni dans un jour qu'on peut la connaître. On en revient le cerveau en ébullition, le cœur ému. On l'étudie alors, avec les livres et le souvenir ; on rumine, on repasse chez soi les promenades et les contemplations ; mais pour être initié à ses mystères, il faudrait de longs mois et de longs voyages, une connaissance approfondie de l'antiquité, une tête fortement équilibrée et une mémoire puissante, apte à retenir les faits, les hommes et les littératures. On peut, à la rigueur, deviner Milan et Gênes, en huit jours ; Naples, Venise ou Florence, en un mois. Il faut des années pour connaitre la superficie de Rome, sans compter les salons, les ateliers, la politique, les affaires et cette diplomatie de la papauté qui embrasse l'univers.

Lays parcourut Rome en artiste ardent, convaincu, complet, mais pressé. Il y fut ému, troublé, ravi; en revint transporté, nous conta son voyage et en rapporta naturellement un culte plus passionné pour le beau, une répulsion plus vive pour l'abject, le faux ou le trivial. Il n'avait pas perdu son temps.

Il n'eût pas été artiste, s'il n'eût poussé jusqu'à Naples. Il n'eût pas aimé l'histoire s'il n'eût visité Pompéï. Du Vésuve, du golfe, du climat, de la ville enchanteresse, il était grandement épris, mais c'était toujours de Rome qu'il parlait.

Son voyage avait duré trois mois entiers et il trouvait que c'était peu.

L'année suivante s'écoula sans grands événements. La gloire et la fortune étaient venues, mais la santé s'altérait. Le pinceau ne s'arrêtait pas, cependant. *On attend des amis*, des fleurs et des fruits sur un tonneau; *la Fête de la Grand-Mère*, une gerbe de fleurs sur un vieux fauteuil, ne montraient ni indécision, ni fatigue. Ils furent envoyés à Paris où ils obtinrent un grand succès d'éloges, mais il n'y furent pas vendus. Ils revinrent et parurent à la dernière vente de notre ami.

Inquiet, agité, Lays voulut renoncer à sa solitude absolue et il s'entendit avec une de ses sœurs pour qu'elle vînt demeurer avec lui. Un frère et sa famille habitaient Ecully et le voyaient souvent ; ils l'engagèrent à cet acte de prudence. Enfin, la date fut arrêtée et on convint que la sœur prendrait possession du ménage vers la fin de décembre 1887.

Vanité des projets humains ! Cette sage résolution ne devait pas voir son accomplissement.

Le mardi 13, Lays rentra chez lui souffrant et s'enferma, suivant sa coutume.

Le mercredi 14, la laitière apporta son lait, sonna, et, sans attendre qu'il ouvrît, se retira.

Le lendemain, elle fut surprise de retrouver sa *berthe* pleine et au même endroit. Lays n'avait donc pas ouvert. Elle avertit le concierge qui, également inquiet, courut prévenir un ami intime, le peintre Sallé ; celui-ci se rendit de suite à Ecully et revint avec un frère et un neveu. On alla chez le commissaire de police et un serrurier.

En proie à la plus vive anxiété, on crocheta la porte et on ouvrit.

On trouva le malheureux Lays évanoui sur le carreau ; il était presque froid, mais il respirait.

On le releva ; on le mit sur son lit avec les plus grandes précautions. Le mouvement, les soins, la chaleur lui firent ouvrir les yeux, il reconnut ceux qui l'entouraient.

— Vous vouliez donc me laisser mourir de faim, leur dit-il en souriant.

Depuis deux jours, il était dans la cruelle position où on l'avait trouvé.

Le médecin vint et ne donna pas d'espoir ; on prévint un prêtre qui accourut. Ses amis entourèrent son lit et s'offrirent à le veiller, mais il n'y avait plus d'espoir. Il s'éteignit doucement, le dimanche, 18, à l'âge de 62 ans.

Ce fut une consternation pour tous ceux qui le connaissaient.

Sallé passa la dernière nuit à reproduire les traits de cet ami si tendrement aimé, et le sculpteur Mathelin moula sa tête.

Aux funérailles, le mardi suivant, la plupart des peintres de Lyon parurent. Devant la mort il n'y eut plus d'ennemis. On l'accompagna tristement jusqu'à la gare de Saint-Paul ; on fit son éloge quand on n'eut plus à le redouter, et la famille l'emmena au cimetière de Saint-Barthélemy-Lestra, où lui-même s'était fait préparer un tombeau.

L'art lyonnais avait fait une grande perte. Les journaux, sans distinction de partis, furent unanimes pour lui donner des louanges et des regrets. Je me reprocherais de ne pas faire quelques citations plus éloquentes que mon récit. Elles complèteront cette notice.

La parole aux plus autorisés :

« M. Lays a au Salon deux petits tableaux d'un réel mérite : *Roses variées*, *Fruits* et un troisième qui est capital et qui s'intitule : *Le Bien et le Mal*, *les bons et les mauvais fruits*. Au milieu du tableau, une balance; dans chaque plateau, des fruits, mais bien différents. Ici des prunes nacrées, des pêches à la peau veloutée, de gros raisins à la petite peau tendue et ballonnée, des grenades qui semblent rire par toutes leurs fentes; tout ce que la nature offre de meilleur. Dans l'autre plateau, les fruits empoisonnés, les plantes vénéneuses, les Voisin et les Brinvilliers de nos jardins et de nos champs. Voici la coloquinte, la belladone, la trop fameuse digitale, la troupe innombrable des champignons, auteurs de tant d'assassinats, coupables de crimes sans nombre. Quelle abominable réunion de scélérats! N'y a-t-il pas quelque danger à regarder longtemps ce tas de monstres? Heureusement, je vois que les bons fruits sont en plus grand nombre et que la balance penche du côté du Bien. »

(*Mémorial de la Loire*, mars 1874)

*
* *

« Un autre compatriote, le peintre Lays, un fidèle des expositions parisiennes, départementales ou étrangères, dont il ne compte plus les médailles, est empêché, cette année, par un cruel évènement de famille, d'envoyer son lot habituel au Salon parisien.

« Cela est grand dommage, car l'artiste, lorsqu'il a été brusquement interrompu, achevait, pour l'Exposition, une toile qu'il comptait parmi ses meilleures compositions : Une tête de Christ en vieux marbre dans la niche d'un vieux mur. Tout autour serpente une treille chargée de raisins chasselas roses et des épis de blé. Un sarment, brisé par le poids des raisins, retombe sur le premier plan. La tête du Christ est dans la pénombre.

« M. Lays vient, d'autre part, de finir deux toiles : l'une représente des roses dans un vase de métal déposé sur un vieux tapis ; à côté, sont un panier de framboises et une branche d'abricots. L'autre composition est un bouquet de fleurs près d'un rocher.

« M. Lays a, en ce moment, deux tableaux à l'Exposition de Bordeaux. Il exposera également à Tours, vers la fin de mai.

« Enfin, notre compatriote sera occupé toute la saison à une grande toile : « *Les bons et les mauvais fruits.* »

« Décidément l'art n'est point une sinécure pour les artistes qui ont le feu sacré. »

(*Mémorial de la Loire*, du 5 avril 1881).

*
* *

« J'oubliais, dans ce hamac doré improvisé par une fée, des primevères et toute la flore dont ce digne héritier de Saint-Jean tient l'assortiment le plus complet sur la riche palette du maître. J'oubliais encore de faire briller à vos yeux ces vrais diamants de l'eau la plus naturelle qui, en gouttes vraies, scintillent sur ces adorables fleurs. Lorsqu'on passe devant ces belles toiles, on s'arrête tout saisi, séduit par leur charme et l'on est surpris de ne pas lire sur un cartouche : « *hors concours* » Et cela pourquoi ? C'est parce que M. Lays habite Lyon (1) et ne fait point partie de cette coterie malsaine des influences parisiennes (il y en a bien ailleurs qu'à Paris) qui ne sont point seulement au jury, mais dont les mains

---

(1) Et à Lyon, il était mis de côté.

rapaces (oh ! oh !) s'étendent plus haut et plus loin qu'on ne croit. Va, mon digne maître lyonnais, tu sauras que le talent hors ligne ne suffit pas en peinture (Pourquoi dire *en peinture* seulement ?) puisque les plus forts sont encore à la côte, aujourd'hui même, et victimes trop souvent de la médiocrité coalisée. »

(Exposition de Paris. *Dictionnaire Véron* 1883).

*
* *

« Notre peintre de fleurs Lays vient de mourir.

« Lays était un des derniers survivants de l'ancienne Ecole lyonnaise, dés Berjon et des Saint-Jean, qui jouit parmi nous d'une longue période d'estime et de succès, j'allais dire de gloire.

« Ce fut en effet cette École qui forma tant de bons et ingénieux dessinateurs pour notre fabrique de soieries artistiques ; ce fut elle qui, avec un goût très sûr et une grande pureté de dessin, permit à notre grande industrie de tenir le premier rang sur tous les marchés du monde.

« L'Ecole des Berjon et des Saint-Jean s'attachait à l'élégance de la forme, à l'habile disposition des objets, bien plus qu'à l'effet, à la couleur au relief, à la vie

« Mais l'*impressionnisme* vint, d'abord bafoué, puis discuté, enfin accepté.

« Lays n'admettait point la révolution artistique qu'il avait vu s'accomplir.

« Plus d'une fois, nous l'avons entendu, à nos derniers Salons, s'extasier sur le talent de coloriste de tel jeune peintre, mais faire des réserves pleines de douce tristesse sur ses tendances exubérantes.

— « On ne dessine plus ! disait-il ; et ce qui est plus triste c'est qu'on paraît mépriser le dessin. Pourtant la ligne !... la ligne reste et la couleur passe ».

« Lui dessinait et avec une rare conscience. Après quelques années d'abstention, il était revenu à nos derniers Salons où il tenait avec honneur le drapeau de l'ancienne Ecole lyonnaise.

« Lorsqu'il rappelait ses souvenirs de laborieuse jeunesse, il était rare qu'il ne parlât point de son maître, qu'il appelait toujours : « *Monsieur* Saint-Jean » de même que les élèves, aujourd'hui septuagénaires, du père Ingres, disent encore : « *Monsieur* Ingres. »

« Cette formule respectueuse, à présent démodée, faisait, à la fois, l'éloge de celui qui en était l'objet et de celui qui persistait à s'en servir.

« D'ailleurs est-il téméraire d'ajouter que le nom de Lays restera attaché dans l'histoire de l'art lyonnais à celui des deux illustres peintres dont il fut parmi nous le dernier héritier? »

EMMANUEL VINGTRINIER.

(*Express*, 20 décembre 1887.)

*
* *

« Les arts viennent de faire une perte cruelle. M. Lays, peintre de fleurs, vient de mourir à l'âge de 62 ans, dans son domicile, rue Sainte-Hélène.

« M. Lays était un des meilleurs élèves du célèbre Saint-Jean, une des gloires de l'Ecole lyonnaise. »

(*Petit Lyonnais*, 20 décembre 1887.)

*
* *

« Aujourd'hui, ont eu lieu les funérailles de M. Lays, peintre de fleurs de talent.

« M. Lays est mort assez misérablement. Quoique jouissant d'une assez jolie fortune, il vivait complètement seul et n'avait pas de domestique...

. . . .

« Il menait une existence modeste, aimant les

fleurs, botanisant avec passion et regrettant que son art ne conservât pas les traditions que la jeune Ecole a répudiées. »

(*Salut Public*, 20 décembre 1887.)

*
* *

« M. Jean-Pierre Lays, le peintre de fleurs bien connu, vient de mourir...

« M. Lays eut des débuts difficiles. Il entra tout jeune comme domestique chez Saint-Jean, le célèbre peintre de fleurs.

« Le maître s'apercevant des singulières dispositions que manifestait l'enfant, lui donna des leçons, s'intéressa à lui et, finalement, Lays réussit.

« Le défunt laisse le souvenir d'un homme de charmante compagnie, d'un bon cœur et d'un excellent camarade. C'était un modeste, dont le souvenir restera parmi tous ceux qui l'ont connu. Il laisse une fort belle collection d'œuvres d'art. »

(*Lyon Républicain*, 20 décembre 1887.)

*
* *

« Lays était un travailleur et un convaincu, dit un amateur d'un goût élevé et de la plus haute compétence, M. Laurent Gazagne, commissaire-priseur, dans la notice qu'il lui a consacrée; il avait pour Saint-Jean une admiration poussée jusqu'au fanatisme. Aussi, tout en s'inspirant des maîtres hollandais, des Van Huysum, des David de Heem, essaya-t-il toujours de se rapprocher de son maître et souvent il y parvint. Il avait sur la peinture des idées bien arrêtées et professait pour l'Ecole moderne une médiocre estime. Nous avons trouvé, dans ses papiers, quelques notes qu'on lira, sans doute, avec curiosité et que nous reproduisons :

« Dans la nature, il y a diverses variétés de « beautés et aussi de défauts (il voulait dire de « *laideurs*); les plantes, les fleurs et les fruits « sont comme l'homme, assujettis à des vices de « constitution. Le peintre de fleurs doit savoir « choisir les plus beaux modèles.

« La peinture de fleurs est plus difficile qu'on « ne se l'imagine. Rien, d'abord, ne dure moins « qu'une fleur. Cependant, il y a beaucoup à « étudier dans une fleur : le dessin, la beauté et la « variété du coloris, le modelé. Les fleurs ont « des tons bien plus difficiles à rendre que les « tons de chair d'une figure. On peut faire aussi « vite une tête qu'une rose. La simple petite « fleur des champs est une merveille de perfec- « tion qui désespère le peintre le plus habile

« de ne pouvoir jamais l'imiter parfaitement. »

Et plus loin, relativement aux peintres qui sacrifient le dessin à la couleur.

« Cette Ecole, qui se dit nouvelle pour s'ex-
« cuser de son impuissance, est bien vieille, au
« contraire ; elle a toujours existé dans tous les
« temps. Elle était personnifiée, dans les ateliers,
« par les élèves paresseux qui n'ont jamais voulu
« se donner la peine d'apprendre les notions du
« dessin et la vérité des formes. Ils se contentent
« d'un ensemble de couleurs. Ne pouvant faire
« mieux, ils invoquent leur manière comme étant
« la plus parfaite ; comme si le mensonge valait
« mieux que la vérité. »

« Dans les œuvres qui vont être livrées aux enchères, ajoute M. Gazagne, nous pouvons hardiment affirmer que nous retrouvons l'artiste en plein épanouissement de son talent. L'art du dessin y est poussé à la dernière limite, sans nuire à la vigueur du coloris.

« Notons, parmi sa collection particulière, une magnifique aquarelle de Fortuny ; une autre aquarelle de Raffet ; un superbe dessin à l'encre de Chine de Van Huysum ; un très beau Monnoyer ; un Poussin ; un David de Heem, etc. »

Et l'on peut être certain de l'authenticité de ces œuvres quand c'est un homme comme M. Gazagne qui la garantit.

Les autres pièces, non rappelées par notre habile expert, étaient signées Bellay, Berjon, Duclaux, Epinat, Thierriat, Wagner, Appian, Allemand, Desportes, Carlo Dolce, Salvator Rosa; sans compter les belles toiles simplement et prudemment *attribuées* à des maîtres connus.

« Lays, reprend M. Gazagne dans sa notice, avait conservé la plupart de ces toiles importantes, comme souvenir précieux de l'héritage de M. Alexis, amateur distingué de notre ville, qui, en mourant, lui avait légué toutes ses collections.

« Lays était un homme simple et bon. Dur pour lui-même, il avait la main ouverte pour les pauvres et les malheureux. On peut dire de lui que son caractère, comme homme privé, était à la hauteur de son talent. »

Il me semble qu'un trait manquerait au portrait de l'illustre artiste, si je n'y ajoutais que sa sensibilité était tellement développée, sa délicatesse si ombrageuse qu'il était blessé du nom qu'il portait.

Ce nom, si honoré dans le Forez, si brillant dans le monde des arts, avait été porté par une courtisane, et il n'aimait pas qu'on y fit allusion. On eût pu lui dire que des siècles et des siècles avaient passé depuis les fautes et les faiblesses de la femme galante; que les Lays de la Loire ne venaient ni de Sicile ni de Corinthe; qu'il n'y avait aucun lien de parenté entre eux. Rien n'y eût fait.

Je mis un jour le doigt bien innocemment sur cette cruelle blessure,

C'était au mois de juillet 1871.

Lays, que je voyais souvent, m'avait offert une aquarelle magnifique, *un Bouquet de giroflées*, auquel il avait joint un hommage signé.

Je fus touché, reconnaissant, et, pour le remercier, j'eus la malencontreuse idée de lui envoyer un rondeau. L'idée plus malheureuse encore d'avoir fait un parallèle entre les deux Lays.

Voici cette pauvre pièce qui faillit me brouiller avec lui.

AU PEINTRE LAYS

RONDEAU :

Laïs, la Grecque était une coquette
Dont la beauté fit peu de malheureux.
Ceinture lâche et fleurs dans les cheveux,
Du courtisan, du soldat, du poète,
D'Alcibiade, orageuse conquête,
La main tendue, elle écoutait les vœux.
Mais on siffla la nymphe déshonnête;
Et, qui reçut un sobriquet honteux?
Laïs.

Toi, digne et pur, artiste merveilleux,
Tu reproduis, d'un pinceau lumineux,
Gardénia, lis, œillet, pâquerette,
Bouton modeste et corymbe orgueilleux,
Et de ton nom seront fiers nos neveux,
Lays.

Je ne le revis plus.

Les semaines, les mois se passèrent; plus d'ami. J'allai le voir; il me reçut avec embarras. Il ne voulait pas me faire de la peine et cependant il avait quelque chose de profond contre moi.

Après deux ou trois phrases d'amitié, après avoir admiré ses tableaux, lui avoir exprimé ma reconnaissance sur son aquarelle et témoigné mon étonnement de son éloignement, si long à mon gré, je lui demandai s'il avait reçu mes vers?

Il se leva et parut troublé.

— Vous m'avez fait du chagrin, Monsieur, me dit-il avec amertume. Je vous croyais mon ami et vous vous êtes fait un jeu de rappeler que je porte un nom malheureux. Que dira-t-on de moi quand on lira vos vers? On n'est déjà que trop porté à faire ce rapprochement qui m'est si pénible. Je veux bien ne plus y penser, mais n'en reparlons plus.

Je lui jurai que je n'avais jamais eu l'intention de le railler. Je lui fis de sincères excuses. Il me pardonna plus tard; mais ce ne fut qu'après bien des visites et des prières qu'il me rendit son amitié.

Lays était grand, souple, bien fait. Il avait le front vaste, le nez droit, la bouche bien découpée, le menton fin, le visage allongé. La barbe et les cheveux étaient plus dorés que blonds, tous deux abondants.

Sa voix manquait de notes basses; elle avait

volontiers un ton aigu qu'il ne savait pas modérer.

Son abord était gracieux et bienveillant, son sourire spirituel. Il eut des jaloux, des ennemis, signe de talent et des amis fidèles, marque de loyauté et de bonté de cœur.

A peine l'illustre artiste est-il décédé et déjà ses œuvres ont quintuplé de valeur. Dans le courant d'octobre 1888, un tableau : La *Harpe aux fleurs*, hauteur 2 mètres, largeur 1 mètre 25, exposé par la maison Dusserre, était coté dix mille francs.

Quelques semaines plus tard, une autre toile plus belle encore, *le Bien et le Mal*, dont nous avons parlé plusieurs fois, que l'auteur n'avait pas voulu céder pour quatre mille francs et qu'il avait gardée, avait pris sa place dans les mêmes vitrines et attirait la foule à l'angle de la place des Terreaux. Son prix était tel qu'il ne pouvait tenter qu'un de ces heureux millionnaires qui ne savent que faire de leur fortune. Comme François Millet, qui eut tant de peine à vivre et dont les toiles atteignent aujourd'hui des prix étourdissants, Lays n'aura pas vu le succès de son œuvre et surtout, chose plus douce, n'aura pas entendu les éloges unanimes du public.

Dans son testament, il avait légué à sa ville d'adoption et à quelques amis de précieux souvenirs : à Lyon, une aquarelle de grand style : œuvre de maître, *Emblèmes de l'Eucharistie*; à M. de Serres, *Panier de giroflées et iris;* au peintre Sallé, *Bouquet de fleurs; giroflées sur une table;* à son neveu, Claudius Lays, comptable à Lyon, *Vase de fleurs du printemps*, belle toile de 98 centimètres de hauteur, 73 centimètres de largeur; à l'église de Saint-Barthélemy-Lestra, deux tableaux de fleurs; ces legs ont été fidèlement délivrés à leurs destinataires, après le décès du donateur.

C'est plus qu'un souvenir qu'il a légué en mourant à ceux qu'il avait aimés.

On le verra quand la postérité aura commencé pour lui.

FIN

COMPLÉMENT

Nous sommes charmé de recevoir la lettre suivante, écrite par Lays, à son ami le statuaire Bailly, et que celui-ci veut bien nous permettre de publier ; elle a trait naturellement à l'œuvre chère à tous deux, le buste de Saint-Jean.

« Lyon, le 18 juillet 1884.

« Mon cher artiste et ami,

« Pour faire un monument qui soit digne de vous, ainsi que du premier peintre de fleurs de notre siècle, Monsieur Saint-Jean, il ne faut pas être trop limité pour l'argent. Il faut donc recueillir le plus de souscriptions possible ; car Monsieur Saint-Jean n'est pas seulement l'honneur de son pays, mais il est la gloire de l'art français au XIXe siècle.

« De crainte que la souscription des habitants de Millery n'atteigne pas un chiffre suffisant, Monsieur Saint-Jean a encore bien des parents qu'on pourrait voir.

« Ils ont du cœur et ils se feront un grand honneur de voir figurer leurs noms à la tête de la liste des souscripteurs, pour aider à élever, à Millery, l'effigie de leur illustre parent.

« Je vous engage à les visiter. Voici leurs noms. . . . .

« Pour moi, je me ferai un devoir de souscrire après ses parents, comme son élève, et croyez, cher Monsieur Bailly, que je serai très heureux de voir élever un monument à la mémoire de mon célèbre maître qui était le plus illustre peintre de fleurs de notre siècle.

« C'est aussi un grand honneur pour vous qui avez été choisi pour immortaliser sa mémoire par le bronze.

« Veuillez agréer, cher artiste, mes meilleurs sentiments d'estime. »

LAYS J.-P.

Cette lettre seule suffirait pour faire connaître l'admiration, le culte que Lays avait voué, qu'il professa toute sa vie pour le maître lyonnais.

Imp. WALTENER ET Cie, rue Belle-Cordière, 14. — Lyon.

www.ingramcontent.com/pod-product-compliance
Ingram Content Group UK Ltd.
Pitfield, Milton Keynes, MK11 3LW, UK
UKHW021116260726
13994UKWH00002B/905

9 782329 359939